밀월

권후근 시집

너는 아득한 그때 그 자리에 그대로 있었다.
나는 먼 길을 돌아왔는데

책나무출판사

| **시인의 말** |

나는 시간을 버리고 죽였다.

이제는 내가 버리고 죽인 시간의 환영이 나를 서서히 조여온다.

용서 빌 틈조차 주지 않는 시간은,

미련을 회피했던 기억을 아리게 한다.

다음 생은 미련 없는 시간의 주인으로 다시 태어나기를 빌며,

내 사유와 고민의 부끄러운 소품들을 모아 세상 밖으로 내보낸다.

2025년 10월
권후근

| 목차 |

시인의 말 · 3

1부

미래를 위하여 · 9 / 날개 2 · 11 / 실종 · 12 / 빠루 · 14 / 숨 고르기 · 16 /
책임감 · 18 / 퇴화 과정 · 20 / 빈대 · 22 / 그림자놀이 · 24 / 무인도 · 25 /
두부 · 26 / 보도블록 · 28 / 틈 · 30 / 강돌 · 32 / 깔창 · 33 / 밑창 · 34 /
계특 · 36 / 농락 · 38 / 실격 - 낡은 옷 · 40 / 밀월 · 42

2부

오늘은 어제를 살고 · 47 / 날개 · 48 / 언어의 품격 · 50 / 현기증 · 52 /
투영법 · 53 / 막장 · 54 / 덫 - 여류 작가 G씨 목격담 · 56 / 모래알 · 58 /
중앙 · 60 / 군무 · 62 / 봄 마중 · 63 / 서주 강변에서 · 64 /
고모산성에서 · 66 / 역류 · 68 / 십리대밭교 · 70 / 거꾸리 · 71 /
원시인 · 72 / 보행 방향 지킵시다 · 74 / 장고항에서 · 76 / 뿌리 · 78

3부

탄생을 위하여 · 83 / 가로등 · 85 / 선인장꽃 · 86 / 창밖 풍경 · 87 /
슬도 작곡 · 88 / 누에 · 89 / 비둘기 · 90 / 메기 한 마리 · 91 /
꽃상추 · 92 / 삼베 · 93 / 불효 · 94 / 빈자리 · 96 / 발걸음 · 97 / 장마 · 98 /
아린다 · 99 / 분교 · 100 / 향수 · 101 / 첫사랑 · 102 / 함정 · 104 / 짝사랑 · 106

시 해설 카이로스적 시간의식을 통한 자아의 여정 · 109
    우영규 | 시인 · 문학평론가

• 1부 •

미래를 위하여

매일 새벽잠을 김에 마는
배가 불러오는 김밥집 새댁이
꼭두새벽부터 셔터를 말아 올린다

하품은 말아 넣지 않으려고
턱받침 한 플라스틱 마스크는
오르는 물가에 자꾸만 흐려져도
월세 인상보다는 숨 쉴 만하다

일부러 숨차게 산에 오를 손님들이
김밥 재료처럼 형형색색 줄지어 서면
비지땀으로 산 능선도 말아 넣는다

역병이 두 배로 올린 한 줄 가격에
가뭄에 콩 나오듯 더러는 한숨도 말고
복대를 늦추면서 김에 참기름 바르듯
차오르는 배를 살살 쓰다듬어 본다

진부한 확성기 소리가 좌·우에서
김밥 옆구리 터줄 듯 귀를 후빌 때는

태교 음악으로 미래를 버무려 넣고

해 기울면 사랑하는 사람을 기다리며
저녁놀까지 오려 넣은 사랑을 만다

날개 2

이상은 날개를 얻었지만 날지 못했다
날개만 많으면 공중 부양하듯 반드시 날아오를 수 있을 거라는
확신에 의심 없이 그를 믿은 날개 제공자들은
더욱 많은 날개를 계속 달아주었다
그러나 날지 못했다
아니 날 수 없었다, 곤두박질만 반복하면서
혹시나 하는 기대로 깃털에 바람을 실었던 이들은
실증에 날개가 돋아나기 시작했다
날 수 없는 원인 제공의 뒤늦은 후회가
파묻힌 배꼽을 가리켰지만 보이지 않았다
날개가 많아 비대해진 몸뚱어리는 수명을 재촉한다
모든 이가 다 아는 상식인데 이상만 모르고 있었던 건가
그럴 리가, 진퇴양난이었을 거다
날개를 스스로 뽑을 수 없는 난치병 치유는
가식의 날개를 달아준 이들의 몫이다
탄식이 날개를 뽑아 이상을 깨울 수 있을 때
미래에 날개를 단 이상을 다시 찾을 것이다
날개는 균형을 잡아야 잘 날 수 있으니
진실의 날개 딱 두 개만 있어도 충분했다

실종

그 마을 사람이라면 누구나 다 아는
상식이가 어느 날부터 보이지 않았다
이상한 것은 상식이가 없어졌다는 것을
모두 알면서도 아무도 대놓고 말하지 않았다
마치 마을 전체가 공모한 듯 상식은 실종됐다
상식적으로 접근해서는 이해할 수 없는
불가사의한 상황임은 틀림없었다
상식에 치매 걸린 사람이어야만 이해할 수 있는
그들만의 '우씨, 쌍식'이었다
이웃 마을에서도 알던 상식이 보이지 않자
상식의 정의를 다시 쓰는 사람들이 생겨나
실종된 상식에게 정당성을 부여했다
덕에, 실종되었던 상식이가 다시 나타났다
머리카락 휘날리며 돌아온 상식이를 본
마을 사람들의 상식은 혼돈에 빠져버렸다
누군가 혀를 끄집어내는 용기가 필요했지만
아무도 상식의 입을 열려고 하지 않았다
몰매 맞을 각오 없이는 어려운 일이어서
따스한 봄이 오면 함께 승천할 모양이었다

상식을 되찾는 것이 쉽지 않다는 것을
상식을 잃고서야 절실히 깨닫게 되었다

이제 상식이란 사람들이 보통 알고 있거나
알아야 하는 지식이라고 말하는 데에도
상당한 용기가 필요한 세상에 살게 되었다

빠루

본래는 배척이라는데 이름조차 못 찾았다
주로 공사판에서 일하는 바닥 생활이지만 자부심이 크다
자유롭고 편안한 삶을 바라는 이들의 행복을 위해 몸을 바친다

때론 세상이 시끄러워 고개를 들면
쓸모 있는 재목으로 알아주어 은밀히 붙들려 가기도 한다
지체 높은 분들이 일하는 곳이다

자주는 아니지만 갈 때마다 난장판이어서
소임을 다하고도 버림받는다
그의 의지와 상관없이 대못을 빼고
지렛대 역할까지 해서 문을 열면
진로가 되기도 하고 퇴로가 되기도 한다
해석은 항상 상반되었다

약속의 장인 그곳에서도
잠시 필요로 했다가 배척해 버리니
본래 이름을 아직도 못 찾고 있다

그는 입에서 못을 토한다
속 보이는 계략도 배척을 위한 배척도
끝내 배척하지 못하면
빠루 맞을 일이라고

빠루는 못만 빼지 않는다

숨 고르기

폭설이 내린 건 오래전 봄밤이었다
따스한 아랫지방에 그것도 사월에
세상을 온통 목화밭으로 바꿔버린 건
신이 인간에게 내린 신기한 선물이었다

소음과 매연의 시간은 정지되었고
화단에 피어나던 목련도 눈이 되었다
이럴 수가, 사월의 꽃마저 가담하다니
목화송이로 변장한 줄 몰랐었던 탓이야

실체를 노출하는 시간을 기다릴 수 없어
삽질로 양파 껍질 까듯 자극하는 눈물이
눈(目)물인지 눈(雪)물인지 감별이 어려웠다

햇살로 질펀해지는 시간을 잠재우다가
야밤을 도모하고 날 새운 도적들의 새벽은
장물을 지키려다 연일 빙판에 미끄러졌다

다람쥐 쳇바퀴 돌리듯 고루한 일상은
해를 거듭하면서 눈 없는 겨울만 보내고

언제 눈이 내렸었는지 기억을 잠식했다

다시 봄날 폭설을 고대하는 무리한 희망
온난화된 지구도 한통속 된 지 오래기에
혼돈의 시간은 순백의 정지가 필요하다

책임감

발바닥에 무참히 짓눌려
자그락자그락 내려앉고 마는 자갈이며 모래는
누가 침범할 줄 예측이나 해봤을까
세상 구경 제대로 해보려고
밤새도록 파도에 몸 굴려 씻고는
정갈한 자태 말리려 고개 내밀었는데
이 무슨 날벼락인가 싶었겠지
난 그냥 별생각 없이 왔다가 갈 뿐인데
애당초 발들일 계획도 없었는데
시린 가슴 스미는 해풍에 문득 끌린 발길로
밟아버리게 된 것은 무슨 관계일까?
내일이면 흔적도 없을 자국이지만
가해에 대한 증인은 너무나 많다
하늘에 떠 있는 저 구름이며 낮달이며
방금 머리 위를 날아간 갈매기들이며
소리까지도 협주한 파도가 있다
그렇게 밟고 간 한 인간이 있었노라고
바람도 사실대로 불어버릴 것만 같다

증거는 없다

구름도 달도 갈매기도 파도도 모두
나는 분명히 보았지만, 보통명사만 알고
고유명사를 모르기에 잘 안다고 할 수는 없다
내가 무죄를 주장할 수 있는 이유다
단,
모방범죄가 생기게 된 책임은 통감한다

퇴화 과정

똥 뀐 놈이 큰소리치는 섬에 개구리 삶이 있습니다
방귀는 누구나 겪는 생리적 현상이지만
보통 사람들은 타인을 의식해서 조심스럽게
매우 조심스럽게 항문 괄약근을 조절합니다
그러다 가끔 실수로 피아노 소리를 내기도 하지만 냄새는 없습니다
악취 나는 소리가 섬의 지배를 보장하는 까닭은
두 가지 필수 요건을 모두 갖추었기 때문입니다
소리 없는 냄새나 악취 없는 소리는 맥을 못 춥니다
냄새 없는 소리는 참을 수 있지만 소리 없어도 냄새를 참을 수 없는
사람들은 슬슬 방귀 빠지듯이 새어나갑니다
개중에 어설프게 색소폰 소리 냈다간 과녁이 됩니다
벙어리로 사는 게 현명한 방법이라는 걸 터득하여
섬이 가라앉는 줄도 모르고 냄비 속의 개구리처럼 안주합니다
이런 현상은 체 게바라*의 수단을 말아먹는 데 일조한 대가이니
상식의 정의가 바뀌어도 어쩔 수 없습니다
사람이 개구리로 빠르게 퇴화하는 중입니다

*체 게바라(1928~1967): 아르헨티나와 쿠바의 혁명가. '목적이 이상적이라도 수단이 비열하면 정당화될 수 없다'는 명언을 남김.

빈대

진작 역사 속으로 사라져야 했는데
날마다 출현해 여전히 기세를 올리고 있다
산업화로 시멘트에 굳어 묻혔던 것들이
향수 그리워 도시에 파열음을 일으킨다
한동안 잘 붙어먹었다는 인사도 없이
시도 때도 없이 입만 가지고 복장 긁으며
아예 집을 내놓고 나가라는 기세다
애국심 강한 이스라엘 강군이 온대도
약물 내성이 강해진 놈들의 게릴라전에는
속수무책으로 당할 수밖에 없겠다
빈대 붙어먹기 힘든 시절 활개 친 공적으로
자손만대 물려주려고 시멘트벽을 갉고
기둥뿌리까지 흔들며 사람을 못살게 군다
날씨가 추워지니 안방까지 침범해서
주인인 양 행세하는 몰염치가 극에 달했다
예전에는 배후에서 신출귀몰했었는데
노골적으로 정체를 드러내니 과연 빈대의 시대다
겨울에는 퇴치할 뾰족한 방법이 없다
따스한 봄이 오면 놈들이 붙어먹을 만한
모든 걸 버리고 대청소로 추방해야만 한다

도저히 동거할 수 없는 존재이니 어쩌랴
참고 긁을수록 손톱 상처만 남을 뿐이다

그림자놀이

그림자는 흔적을 남기지 않아
시시비비를 가릴 수 없다
실체가 지나간 자리는 족적이 남아
생이 끝나는 날까지 짐이 되지만
배후에 있다 사라져 버리는 그림자는
책임져야 할 부채를 드러내지 않는다
그림자의 종으로 살다 간 실체는
그림자를 드러내지 못하는 슬픔을
서쪽 하늘에 붉은 수로 목 놓아 말한다
오직 어둠만이 그림자를 지울 수 있다고
열려 있어도 듣지 않는 귀와
뜨고 있어도 보지 않는 눈을 안타까워하며
검붉게 오늘을 정리하고 내일을 도모한다
실체가 사라지면 없어지는 그림자로 알았는데
그림자는 실체가 없어도 땅거미로 변신해
온밤을 지배했다
마침내 그림자 속에 살고 있다는 자각에
뜬눈으로 밤을 지새우고 말았다
그래도 하루씩 새날이 밝아와서 다행이었다

무인도

그 섬에는 사람이 모두 사라졌다
이리떼만 우글거리는 숲으로 변해
원주민을 해치고 몰아낸 결과다
이리와 친해 보려던 주민이 있었으나
짐승의 잔인성에 짓밟히고 말았다
간혹 섬을 개척해 보겠다고 접근했던
여우도 결국은 이리떼의 밥이 되어서
이리만이 섬을 가장 잘 지킬 수 있다고
섬 때리는 파도 귀에 거짓말로 속삭였다
기후 온난화로 섬이 잠식되는 바람에
물고기 밥으로 생을 마감하게 될 날이
다가오는 줄도 모르고 설치는 이리떼
노력 없이도 다 먹어 치울 수 있기에
보이는 대로 불룩하게 배를 채운다
섬이 물에 잠기는 속도가 점점 빨라진다
머잖아 거센 파도가 몰아칠 것이다
섬을 갈아엎는 일은 바람의 몫이다
사람이 그 섬에서 쫓겨난 것은
앞날을 위해 차라리 잘된 일이었다

두부

한낱 콩으로 태어났던 내가
반듯한 모습으로 여기까지 오는데
얼마나 많은 시련을 겪었는지
제대로 알기나 하고 사는 건가

잠복했던 흙 속에서 촉을 틔우니
세상 밖에서 할 임무를 부여받았고
뜨거운 태양과 세찬 비바람에
숱하게 고꾸라졌다가 다시 일어섰다

찬 바람 불던 날 발목부터 잘려버린
나와 동지들은 도리깨에 사정없이
무차별로 얻어터져서 피멍 든 채로
동네 마당에 알몸으로 나뒹굴었다

가마솥으로 끌려간 선발대 동지들은
삶기고 뭉개져 시렁에 목매 달렸고
임무가 좌절된 나와 남은 동지들도
놈들에게 맷돌로 끌려가 처참하게도
가루가 되도록 부서져 수장되었다

먼저 간 동지들이 순국한 그 가마솥에서
섭씨 100도가 넘도록 끓여진 몸에다
간수를 뿌려대니 시체라도 뭉쳐야 했다

골수를 짜내는 강력한 압박에 혼절했다
깨어나 보니 동지와 하나 된 내 영혼은
당당한 모습으로 이렇게 다시 살아났다

보도블록

바닥을 벗어나 본 적 없다
처음 왔던 그대로 들려 나갈 때까지
올라가지도, 내려가지도 못하고
늘 바닥에서 밟히고만 살아왔다

태생이 어느 산골이나 강에 구르다 멈춘
무지한 것들이라고, 그들이 원하는 대로
깨어졌다가 다시 뭉쳐지는 신세였다
그러니, 우리 다시는 흩어지지 말자고
이제는 죽을 때까지 이곳 떠나지 말자고
단단히 어깨동무하고 동지애로 결의했다

하지만, 그것마저 그들은 맘대로 앗아갔다
해가 가기 전에 우리를 폐기 처분하고
새로운 친구들로 바꿔 앉혀야만 한다고
그러지 않으면 내년 살림살이 줄어든다고

억울하게도 더는 버티지 못하고 강제 해체로
죽은 시체처럼 수레에 실려 떠나야 했다
밟히며 살아갈 자유마저도 잃어버린 우리는

깨어졌다가 다시 뭉쳐 돌아오리라 다짐했다

바닥이 꺼지면 나라가 추락할 것이기에
꺼지지 않도록 미리 자리를 내어주고
아쉬운 마음 접고 다음을 기약하는 우리가
알고 보니 진정한 애국자였다

틈

나는 형체 없는 허공입니다
불지 않는 바람이고
치우치지 않는, 희석되지 못하는
회색의 시간입니다

이해하기 어려운 사람 많습니다
나 없이 살 수 없다는 걸 알고는
제멋대로 이용하면서도
걸핏하면 눈코 뜰 새 없다는 핑계로
나를 팔고 상대도 해주지 않아요
하나가 되지 못하는 단단한 옹이가
무늬를 볼 수 없다며 외면합니다

만신창이가 되어도 좋습니다
언제나 내 자리를 지키는 것이
본분이요 숙명임을 아니까요
갈라 터진 상처가 바로 나인 것을

나로 하여 숨 쉬고 있다는 사실
불꽃 튀는 전쟁에 총알 다 맞아주고

온갖 더러운 배설물도 걸러주니까
복에 겨워 중요한 줄을 모릅니다

내가 없으면 지구가 폭발한다는 걸
아예 모르는 것처럼 무시하지만
그래도 희망을 잃지는 않을 겁니다
새로운 세상을 늘 꿈꾸니까요

나 없어도 서로 불편하지 않은 세상
그런 날이 오기를 기도할 뿐입니다

강돌

지독한 가뭄에
이끼 신고 이슬이나 빨던 것이
폭우에 쏠려 알몸으로 나뒹군다
무슨 죄를 지었기에
찍히고 깨어지고 모래알로 흐르다
굽이치는 강 언저리에 똬리 틀고
세상 밖으로 나올 날만 기다릴까?
인간을 위해 자유 앗아간 물막이가
생사여탈 권한까지 쥐고는, 한때는
목을 태워 죽이려더니, 다음은
장마를 핑계로 복장을 터트려 버리니
어디 서러워서 살겠나
그래도 희망은 있다
언젠가는 인간과 더불어 지낼
공간의 뼈가 되고, 그늘을 만들어
용서할 기회가 오리니
모래가 된 돌은 강 언저리에서
살랑살랑 물결 따라 몸 풀고 있다

깔창

완충지대에 산다는 것은
하루하루 숨 막히는 압박을 견디는 일이다
한때는 생김새와 향기 다른 이웃과 살다가
주인님의 선택받은 출세라 여기고 왔는데
이젠 매일 이상한 냄새 맡는 처지가 되었다

완충지대에 산다는 것은
하루하루 새로운 세상을 경험하는 일이다
발길에 따라 삶의 범위가 달라지기는 해도
가장 낮은 곳에서부터 가장 높은 곳까지도
동행하는 불안과 행복을 누리는 비밀도 있다

완충지대에 산다는 것은
짓밟혀도 굴하지 않고 신념을 지키는 일이다
납작 엎드려도 껑충 뛰어도 그 자리 그대로
땅과 하늘을 아우르는 소임을 사명으로 알고
희망을 잃지 않고 자유를 꿈꾸는 일이다

밑창

사달이 나니 치부를 보게 되었다
바닥을 벗어나지 못하는 삶이라
단 한 번도 이목을 끌어본 적 없었다
늘 밟히고만 살아 밟는 방법도 몰랐다
밟을 방향과 방법과 위치는
오로지 주인의 선택에 따랐을 뿐
오른쪽으로 가든, 왼쪽으로 가든
낮은 곳으로 가든, 높은 곳으로 가든
흙길이든, 딱딱한 포장길이든
걸어 닳아지면 존재가치가 떨어졌다
주인의 걷는 습관에 따라
대부분이 어느 한쪽으로만 닳았기에
반듯하게 중심 잡기는 어려웠다
편모의 원인을 진단하고 고치려는
주인도 간혹 있었으나, 결국은
고락을 함께한 신발과 더불어
운명을 같이하는 소모품에 불과했다
지난달 어느 날
기세등등한 주인이 계단을 내려가다
발을 헛디뎌 떼굴떼굴 굴렀다

내 몸은 분리되어 자유를 찾았고
세상을 바로 볼 수 있게 되었다
주인의 바지 엉덩이가 찢어지는
사고가 나고서야 치부를 보게 된 것은
한동안 같이 붙어 살았던 나로서도
매우 민망하고 부끄러운 일이었다
버려지기 전에 자유의 몸이 된 것은
일생일대의 불안한 행운이었다
마치 내가 주인을 버린 듯하여 미안했다

계륵

닭갈비를 공짜로 먹고 체했다
체했다는 사실조차 모르고 있을 때
주문해 준 사람이 구토를 해댔다
역류한 오물에는 내 표정만 읽고도
알아서 대령한 날갯죽지도 섞여 나왔다
날개를 먹으면 바람피운다는 속설이
대신 증명되는 순간이었다
다리를 두고 갈비로 돌린 눈동자를
뼈다귀 맛에 취한 강아지들이 호위했다
날개와 갈비의 상관관계는 증명할 수 없지만
날갯짓으로 날리는 깃털은 수시로
날개를 거저먹었다는 자백을 종용했다
제풀에 지친 날갯죽지 하나가 겨우 접히자
은밀히 삼킨 닭갈비가 내란을 일으켰다
토하면 속이 편해지겠지만 오물에 중독된
짐승들이 흥분하면 내 몸도 갈기갈기 찢어
놓을 것만 같아 짐짓 입을 굳게 다물었다
체했을 때는 구토보다 굶는 방식이 편하고
일거양득이라는 걸 경험상 알고는 있었다
점차 속은 안정을 되찾았지만 어지러웠다

나보다 나를 보는 세상이 더욱 그랬다
이런 나를 어떻게 해야 할까?
헛배가 차올라 또다시 체한 것 같다
시선을 너무 많이 삼켜버린 탓인지
얼굴 가죽이 철판 깐 듯 매우 단단해졌다
모 아니면 도로 사는 시간에 갇혔다

농락

뻔뻔한 손바닥은 반질반질하다
일은 못 해도 잘 비비기 때문이다
뒤집기에 능한 얼굴 두꺼운 손바닥은 말을 뒤집고 일을 뒤집고
손가락 내어준 뭇사람들의 허파도 뒤집는다

제 말 말아먹고도 너무나 당당한
얼굴 가릴 줄도 모르는 손바닥들의 질주
해골처럼 솟구치는 오만은 영원을 갈듯이
단단한 틀 속에서 현란하게 뒤집는 혀 굴림에
야바위꾼들도 직업을 잃는다

때가 오면 늘 그랬듯 다시 손바닥을 내밀겠지
더욱 두꺼워진 얼굴로
나긋나긋 굽신굽신 양손 잡고는 비비기도 하겠지
장 못 지진 손가락들은 또 줄을 따라 서리라

손가락 농락에 능한 손바닥이 점령한 곳에는
칼 맞은 상처에 소금 뿌린 듯 아픔이 일어나도
세상 망가지는 줄 모르고 애써 기억을 지운다

무지몽매하게 손가락을 저당 잡힌 손들은
주먹을 제대로 쥘 수 없어 속앓이하지만,
손가락을 접수한 손바닥은 세상이 제 것인 양
위풍당당 쥐었다 폈다 삿대질도 예사롭다

손가락은 마침내 손바닥의 확실한 종이 되었다

실격
- 낡은 옷

어제를 벗지 못한 때가 찌든 껍데기들
약기운이 남았는지 세상을 농락하다가
점점 뜨거워져 가는 햇살에 부끄러워
양팔 벌리며 보란 듯 짐짓 빨랫줄 흔든다
오늘이 가고 다시 목이 메이는
내일이 오면, 거들먹거린 시간만큼 높이
어깨 끌어올린 무게로 그늘에 젖어서야
돌려받을 눈칫밥을 만들 수 있고
바람 같은 사랑이라도 지킬 수 있는
비로소 허울 좋은 껍데기가 된다
껍데기를 지탱하는 목숨줄에
오늘을 위한 어제를 팽팽하게 맡긴다
내일을 위해 집을 나선 껍데기에
알맹이를 위한 선택권은 애당초 없다
그저 업혀져 가는 대로 붙어 있다가
시간 지나면 벗겨지는 신세라는 이유로
알맹이를 위한 진정성은 잊은 지 오래다
허수아비용이라도 선택을 믿었으니까
한때는 그랬다, 무지렁이 쭉정이 덕분에
소금 냄새 찌들도록 잘 붙어먹었으니

이젠, 수거함으로 들어갈 때가 되었다
유행도 지났고, 이상한 냄새는 더 못 참아
낡고 헤진 껍데기는 걸레로도 실격이다

밀월

혈기 왕성하던 20대 중반
너를 처음 선택하는 데 성공했었다
그날 이후 난 너를 확장하는 열병으로
날마다 밤마다 뜨겁게 타올랐다
진정한 사랑이 뭔지도 모르고
어떻게 사랑해야, 어느 길로 가야 바른 것인지도 모른 채
마냥 들떠서 자신감만이 온통 나를 지배했다
그러던 어느 날 신열을 견디지 못한 양은 냄비는
시나브로 일그러지기 시작했다
과로 음주 불면이 자초한 위장병은 일상을 그르치고
생계를 위협하며 너와의 결별을 종용했다
뜨겁게 타올랐던 만큼 쉽게 너의 손을 놓아버린 양은 냄비는
차갑게 돌아서며 다시는 너를 조우할 일도 없을 거라고
자신을 다짐하며 육신을 살려야만 했다
그렇게 나는 너를 완전히 잊기 위해 30여 년을 살아오면서도
한 해가 가고 새해 아침을 맞을 때는
어김없이 네가 떠올려지곤 했다
한번 중독된 마약 같은 너의 체취가

그렇게도 뼛속 깊이 자리 잡고 있을 줄이야
그러나 스스로 버린 너를 찾겠다고 쉬이 돌아설 수 없었다
이미 패기를 상실해 버린 심신은 너에 대한 감각을 잃은 지 오래되어
다가설 용기도 나지 않았다
이렇게 한 생을 마감해야 할 것인가에 대한 물음표는
일을 놓은 후에야 중독되었던 너의 체취로 또다시 그리워지기 시작했다
막연하게 그리는 불면의 밤이 깊어질수록
그르칠 일상도 없는 하루하루는 오로지 네 생각으로 가득 찼고
뜨거운 여름날 결국 일을 저지르고야 말았다
나는 먼 길을 돌아왔는데 너는 아득한 그때 그 자리에 그대로 있었다
너와의 결별은 나의 일방적 선언이었을 뿐이었다
충분한 준비도 없이 어설프게 마음만 앞세운 너와의 포옹 자격이
자의 반 타의 반으로 주어진 것이 불행인지 다행인지 모르지만
일단은 즐거웠다

즐거움도 고통이 될 수 있다는 걸 새삼 깨닫는 데에는
채 하루도 걸리지 않았다
이제는 너와의 고통을 즐기면서 종점까지 걸어가야 할
숙명임을 기꺼이 받아들인다
은밀한 밀회를 즐기기 위해 기력이 다하는 날까지
다시는 너를 놓지 않겠다

・2부・

오늘은 어제를 살고

오늘은 어제를 살고
내일은 그제를 살겠다
그러면 다가올 시간이야 날마다 거슬러
더디게 더디게 돌아보면서 나아갈 수 있을 테니
참 살맛 나겠다
지나간 시간을 되새김질하여
야금야금 자근자근 추억하는 맛으로
그런 낙으로 살겠다
서산이 해를 당겨 묻어버리는 것도
달이 구름 타고 숨바꼭질하는 것도
날 새는 줄도 모르고 혼자 놀겠다
히실 피실 키득 크득 웃기도 하겠다
아니 더 많이 자주 울기도 하겠다
아무도 이런 날 봐주는 이 없어
외로움이 모래성을 쌓으면
먼 수평선 하염없이 쓸어안고
파도만큼 철퍽철퍽 부서져도 좋겠다

날개

회전근이 파열됐다고요?
수술 외에 대안이 없다고요?
의사가 검사 결과를 혀로 밀어낼 때
꺾인 날개로 무기력하게 반문했다
그렇습니다
한쪽 날개로는 날 수 없을 테니까요
삶의 7할을 담당했던 오른쪽이니
고장 날 때도 됐다는 말에 동의했고
당분간 왼쪽 어깨를 많이 써야 할 테니
고통이 따를 거란 말에도 공감했다
한 시간가량의 관절내시경 수술
생을 정지시킨 전신마취 상태는 저승
돌아온 이승에서 처음 본 TV 화면에는
육지에 갇힌 섬이 요동치고 있었다
수술은 잘 됐다는 회진 의사 말보다
수평으로 날 수 있을 때까지는
재활의 조역으로 왼팔도 아플 거라는
겁박에, 새벽을 기다리는 밤은 길었다
새날이 밝아 집 창밖을 내다보니
비둘기와 갈매기가 떼로 어울려 빙빙

아름답게 강 하늘을 수놓고 있었다
나도 양팔을 한껏 수평으로 벌리고
천천히 훨훨 날갯짓해 보았다
언젠가는 공중 부양도 가능할 것 같았다

언어의 품격

항문으로 나와야 할 소리가
입에서 화살처럼 나온다
머리가 썩어서 나오는 악취다
이미 뼛속 깊이 전이된 독인가
독침은 입으로 쏘아대는 것이
정상적인 전술이라는데 변함없다
횡격막이 분리되지 않았기에
막창자가 가슴을 대신하면서
시쳇말로 수시로 바꾸기 때문이다
간혹 순기능을 자각한 자가
본디 말을 찾으려는 때도 있지만
식도로 역류해 버린 노폐물에 걸리니
압박에 결국 주검으로 발견된다
사인은 자살이라는 소견뿐이나
소문은 의문사 심증이 우세하다
소견과 소문 그 혼란 사이에
악취는 항문과 입을 가리지 않고
심증을 확증으로 굳힌다
심증을 확장하여 기소한 죄명은
포괄적이라는 창조적 선례가 있다

실제로 왜, 본디 말이 실종되었는지는
명확한 증거나 자백이 없다
장 청소에는 굶는 것이 최고라지만
진실은 가짜뉴스의 프레임에 갇히고
혼돈은 혼동을 부르는 자리를 깔아
상식을 뒤집는 현란한 언어가 등장한다
궤변에 지친 귀가 연금술의 시대에 살아가려면
가슴 데우는 품격 있는 언어를 다시 찾아야 한다

현기증

지루하고 진부하고 식상할 때는 양념이 필요하죠
경험해 본 요리사는 보고만 있는 걸 힘들어해요
이미 변질된 음식에는 그 어떤 양념도
공허한 메아리가 되어 불나방에 묻혀요
경쟁하듯 비벼온 손바닥 열을 식힐 순 없어
목구멍으로 손가락을 집어넣기도 해봐요
구토하면서까지 지켜야 할 위장이
암세포를 증식하고 있음을 솔직히 알지만
치료보다 계속 꾸역꾸역 퍼먹이는 건 다 이유가 있어요
몸뚱어리가 쓰러져야 병이 승리하거든요
구경하는 이들은 살려야 옳은지 방치해야 좋을지 혼란스러워해요
멀쩡히 살아있는 몸을 사망신고 할 수는 없으니까요
정신세계를 해부해 봐야 알 수 있는 세상에 붕 떠 있는 기분이 들죠
요즘은 하늘을 자주 보아요
바닥을 너무 오래 보았더니 현기증이 나거든요
고개만 들어도 삶이 달라지는 이치를 너무 늦게 깨달았어요
새벽이 오는가 서서히 어둠이 걷히고 있어요
해가 떠 오기 전에 주저 없이 창문을 활짝 열었어요

투영법

섬이 눈을 헤집고 들어와
허파를 뒤집어 놓을 때마다
안경을 꼈다 뗐다 반복하면서
봄날의 거리를 미리 가늠해 본다

광풍에 압도당해 버린 섬은
들숨 날숨 조절할 기능을 잃었다

물이 차오르는 줄도 모르고
전장은 아수라판
모조리 수장될 위기에 처했다

이 섬의 원주인은 비둘기다
들개들이 압도적으로 번식하여
먹이를 가로채인 지 오래다

봄바람 불어와 언 땅이 풀리면
섬은 섬이 할 일만 지킬 수 있도록
비둘기가 돌아가리라 믿는다

막장

더는 물러설 곳도 피할 길도 없는 상황이다
스스로 택한 길이 아니라 떠밀려 여기까지 왔다
설핏 꿈결에 무소불위의 화려했던 지난날들이
주마등처럼 갱도로 실려 나간다
매몰 3년을 버틸 수 있도록 해준 음식이
막장이라는 사실에 실소한다
막장에서 막장으로 막장을 연명하고 있다
눈을 감으면 볼 수 있고 눈을 뜨면 아무것도 볼 수 없는 곳
버릴 것은 없는데 지킬 것은 많다
혓바닥 장기 소유권을 이전하지 못한 탓이다
단맛에 길든 혀를 뽑을 수도 없고
타의에 의한 용납은 더욱더 허용되지 않는다
갈 데까지 가보는 수밖에 없다
혀는 변명이 필요한 잘못을 인정할 수 없고
대가 치를 의무를 느끼지 못한다
밝은 곳으로 인양되기를 고대할 뿐인데
막막하고 지루한 시간과의 싸움 연속이다
돌아갈 수 있는 출구가 보이지 않는다
영광의 미련을 포기할 수 없는 이곳은
내 마음의 감옥이다

오늘도 그대만 생각하는 막장이다

덫
- 여류 작가 G씨 목격담

나룻배를 산으로 올리겠다고?
날갯짓으로 강물을 밀어 올리겠다고?
물오리 기가 막혀 자맥질로 수심을 재어본다
광풍이 강바닥까지 휘젓지는 못해
깊고 고요한 물은 여전히 아래로 흐른다
바다로 갈 것이다
서로가 적당히 간을 맞추기에 접점에 이르러도 물은 충돌하지 않는다
이렇게 평화로운 접경지대는 없다
서로를 탐하지 않는 불문율로 바다에서 강물은 존재를 드러내지 않아
바다도 강 거스를 이유를 찾지 못한다

스스로 흘러 육신을 절여온 세월이
강 허리에 누워 하늘을 마주하고 있다
산으로 가지 못한 배는 강만 오갔고
오리가 새로운 물길로 갈매기를 마중했다
고래가 강으로 달린다는 술렁거림에
구경꾼이 몰렸지만, 완전 가짜 뉴스였다
일단 질러놓고 재미 보지 못한 적 없었다

해명은 또 다른 지름에 속수무책이었다
해명보다 한발 앞선 지름의 자세는
물구나무선 채로지만 늘 위풍당당했다
왜 그랬을까, 믿어야 하는 애증사였다고?
그녀의 믿음은 배신도 아프게 사랑했기에
늦었지만, 덫에 걸렸었다는 심오한 어조로
'J씨한테 미안해 죽겠다'라는 말끝의 표정은
그다지 슬퍼 보이지 않아 참 다행이었다

모래알

작다고 우습게 보지 마라
본디 바위였을 수도 있고 빛나는 광석이었을 수도 있고
수억 년 묻혔던 황금 덩어리 일부일 수도 있다

지금 비록 낱알로 흩어져 있지만
필요에 따라 단단하게 뭉쳐지는 날에는
길이 되고 다리가 되고 집이 되고
물을 가두는 댐도 될 수 있다

작다고 소홀히 취급하지 말라
작은 입자 하나가 이탈하기 시작하면
길도 다리도 집도 댐도 다 무너질 수 있다

한 울타리 안에 구성원 하나 개념 없이 우쭐대다 이탈하면
가정이 무너지고 나라가 무너지고
하나의 우주도 사라지고 말 것이다

별것 아닌 것도 아닌 것 한 알이
눈에 들어가, 신발에 들어가 걸음을 멈추게도 할 수 있으니

그것 때문에 타야 할 차를 놓치고
불의의 사고를 당할 수도 있는 세상

인간이란, 인생이란 광야에 흩날리는
예측할 수 없는 한낱 모래알 같은 존재다

중앙

끌어당길 힘이 있는가
끌려가지 않을 힘이 있는가
밀어낼 힘이 있는가
밀려나지 않을 힘이 있는가
아무런 힘도 없으면 자리 못 지킨다
중앙은 늘 표적이기 때문이다
결정적일 때가 오면 변두리로부터
선택의 강요를 받을 수밖에 없다
모든 변두리의 부역자인 중앙은
어차피 끌려가거나 죽게 돼 있다
변두리는 중앙을 시기하고 경멸하지만
변두리가 중앙을 차지하면 알게 된다
중앙이 변두리를 살리는 샘이라는 것을
샘이 마르면 모두가 죽는다는 사실
알면서도 내어주고 다시 채워야 하는
중앙의 고충을 변두리는 애써 외면한다
샘을 메워버리는 것으로 목표를 달성한
변두리가 중앙이 되었을 때는 목이 탄다
우물을 파 본 적 없는 변두리는
마실 물이 없음을 불평한다

새로운 우물을 누가 팔 것인가

군무

찬 바람 부는 날 어둠이 걷히고
새날이 밝으면 군무는 시작된다
비둘기와 갈매기의 향연이다
자맥질하던 오리도
외로운 섬지기 왜가리도
이 시간만큼은 관객이 된다
서로 다른 날짐승들이
어쩌면 저리도 잘 어울릴 수 있을까
모습은 달라도 생각이 같은가 보다
사거리에 시위 깃발이 펄럭이고
생김새는 같아도 생각이 다른 군중들이
타도의 함성을 질러대는 답답한 날에는
저 비둘기와 갈매기들처럼 한데 어우러져
아름답게 춤추는 세상 오기를 꿈꾸어본다
사람으로 태어난 것이 부끄럽지 않도록

봄마중

너무 오랫동안 한곳에 머물렀어
너는 이미 물이 돼야 했었고
지표면 어디에도 흔적이 없어야 했어
이슬처럼 풀잎에 맺혔던 기억 버리고
망각의 일부분으로 사는 게 옳았어
내가 기다리는 계절은 아무것도 필요치 않아
방향을 알려주지 않아도 새길을 알기에
그 길로 지금 마중 가는 중이야
낙엽을 밟고 갈 수밖에 없는 이 길은
상행과 하행이 좌우로 구분되지만
지금은 일방통행 중이야
누군가가 이정표를 바꿔놓았는데
다시 바꾸려다 벼랑으로 추락한
영혼들은 아직도 구천을 떠도나 봐
청력의 인내를 넘어선 지 오랜 궤변이
역류하는 계절을 함께할 수 없어
새싹을 틔우려고 분갈이하는 중이야

서주 강변*에서

그날 늦은 오후
미친 듯이 몰아친 폭풍우가
황토물로 뒤집고 간 자리에는
억울한 영혼만이 흐느끼고 있다

저 강물이
보에 갇혀 붉게 일렁이는 까닭은
아직도 떠도는 선혈 낭자한 선열이
서쪽 하늘을 머금고 비춰주기 때문이다

어찌 잊으랴 잊을 수 있으랴
생생한 그 목소리 오장육부를 휘젓는데
저 강은 오직 뒤척이는 몸짓으로만 말한다
그렇게 흘러도 다 기억하고 있다는 듯이

강변에 노출된 기억의 새끼 돌들은
모를 깎아 구르는 생존법을 배웠다
자갈로 구르다가 끝내 모래로 부서져도
튼튼한 바닥으로, 기둥으로 다시 일어선다

아, 혼령들이시여 부디 평안히 승천하소서

*서주 강변: 경남 함양군 유림면 서주리 동천강 변. '산청, 함양 사건'의 현장.

고모산성에서

살아남은 투사가 돌을 던진다
안개 소복한 골짜기로 피로한 푸념을 담아
희미하게 보이는 적을 향해 팔을 뻗는다

이유도 모른 채 꿩, 산새는 허공으로 솟구치고
텅 빈 메아리로 돌아오는 저 끔찍한 반격 소리
환상에서 깨어나 기필코 결연히 맞서야 한다

갈라 터진 언 손 밖으로 심장이 피를 뿌린다
치마폭으로 날라다 쌓았던 돌, 던지고 던진다
표적을 벗어나 산허리 구덩이로 빠지고 있다

어디로 가는지조차 가늠할 수 없는 행렬에서
탱탱하게 언 볼 만지며 굳은살 발꿈치로 버티는데
장군의 호령에 겨드랑이를 스치는 바람이 아프다

던진 만큼 적의 장비로 차곡차곡 쌓여가는 헛발질
돌아온 햇살이 눈 부시건만 되 날아오는 예리한 돌
몽매한 전술은 허공에 뜬구름만 지루하게 가른다

결국 구름 업은 안개가 햇살을 삼키고 산을 오른다
땅거미가 몰려와 피아를 식별하기 어렵게 되었다
한 투사가 성 밖으로 횃불이 내통하는지 주시한다

역류

앞을 제대로 못 본다고 바보 아니다
작대기 하나로도 돌부리를 피한다
이끼를 이고 살아가다가 눈이 멀었고
마른버짐이 얼굴을 덮기 시작했다

그는 본디 허수아비가 아니었다
허수아비도 바람의 방향은 알았다
다만, 바람만 저 가는 종착지를 몰랐기에
순진한 날갯짓은 불쏘시개에 불과했다

바람은 허수아비 같은 가식을 만들고
스스로 불타는 신세라는 걸 자랑했다
바닥도 갈라놓을 수 있다는 겁박에
갈라진 틈으로 날마다 바닥이 추락했다.

그는 틈도 바닥도 없다고 믿었다
추락하는 것은 바람을 거스르는 무모함
그뿐이라고 굳게 입을 다물더니, 내내
답답한 입술로 뜻 모를 미소만 지었다.

마침내 입술이 움직이더니 악취를 풍겼다
허수아비에 입혀진 옷은 걸레가 아니며
짐승이 먼저 입어봐야 사람이 입을 수 있단다
바람이 문을 나서자, 개 짖는 소리가 들렸다
추락하던 바닥이 일제히 솟아올랐다

십리대밭교

십리 대밭 아래 태화강 허리에는
큰고래 한 마리가 늘 엎드려 있다

동동걸음으로 뱃속을 오가는 사람들
고래는 입만 벌리고 있어도 포식이다

밤에는 형형색색 카멜레온 불빛으로
인간을 유혹하는 박제된 포유동물
뱃속을 휘저어도 살려주는 이유다

장생포에 있을 땐 온 살 다 내어주고
껍데기 뼈다귀만 강 허리에 걸쳐져서
다리 되어 보시하니 어 보살이 아닌가

사람도 저처럼 살아 모두 주고 가야지

거꾸리

호주머니 뒤집듯
세상을 매일 한 번씩
뒤집어 보라고

내려다보지 말고
우러러보며
공손히 살라고

오늘도 강변에서
뻣뻣이 다가서는 날
기다리고 있다

거꾸로 보는 세상은
누구에게나
한없이 높고 푸르다

일평생 수양해도
그 어느 한 곳에도
도달할 수 없다

원시인

우주 만물이
이 세상, 저세상
보이는 것, 보이지 않는 것
머릿속에 들어 있는 것
들어 있지 않은 것, 그 모든 것들이
다 시라고 가정했을 때
무엇 하나라도 제대로 건진 것 있나
그냥 그대로 두었으면 좋았을
만인의 시를 애써 끌어다 까발리고
저 혼자 좋아라 울다 웃다 잠 설치며
쓰레기만 차곡차곡 쌓지는 않았나
있는 그대로 보아야 순수한 것을
저들끼리만 이해할 수 있는 은어로
저들끼리도 해석하기 어려운 암호로
별별 수단 다 동원해서 비틀어 놓는다
일반인이 볼 때는 이상한 줄도 모르고
혼자서, 때론 저들끼리만 끄덕거리며
맛이 갔다는 소리 듣고도 히죽거린다
어떤 이를 진짜 시인이라 할 수 있을까?
유통기간 지난 시큼한 김치맛을 풍기는

어벙하고 어눌한 말로 사오정 소리나 듣는
그러면 원시인(原詩人)이라 해도 될지 모르겠다

보행 방향 지킵시다

그게 페인트가 남아돌아서?
시간이 남아돌아서?
인부들이 할 일이 없어
심심풀이로 새긴 줄 아는 거요?
왜 내 가는 방향에서 오는 거요?

내가 좋아서 내 앞으로 오나요?
안아주길 바라나, 정말 좋아한다면
입이라도 맞춰줄까나?
뭐 별것도 아닌 걸 가지고 그런다고?

자동차였다면 벌써 죽은 목숨이요
첫걸음 뗄 때부터 고개 들고 봤소
곁눈질할 때부터 이리 올 줄 알았소
아직도 좌측통행 시절로 아는 건가요?

자전거는 왜 또 이리 오는 거야?
걸려서 건너야지, 타고서 위협하냐
보행 위반 아닌 교통법 위반이다
값비싼 자전거라고 사람이 우습던가

방향 지켜 걸리면 발목이 고장 나나

몇 걸음 빨리 가겠다고 나대지 마소
그럴 수도 있단 말로 정당화하지 마소
한걸음 잘못 디뎌 영원히 갈 수 있소
혼자 가면 다행이나 애먼 사람 잡소
보행 방향 화살표 똑바로 보고 오소!

장고항에서

노을이 날마다 달라지는 까닭은
저 입 벌린 바위 때문임을 알았다

빠져 죽을까 봐
서서히 내려앉던 해가 덜컥,
바위에 물려버려 수평선까지 온통
붉게 피를 뿌려 놓아버렸으니
어찌 아프지 않고 잠들 수 있으랴

황홀하게 그리워져야 할 무뎌진 사랑
어쩌라고 아리도록 슬프게만 하는가
길고 긴 호흡으로 파도를 들이킨다
피가 된 노을은 쉬이 절여지지 않는다

마침내 차갑게 식어 환생한 달이
어둠을 동그랗게 오려내고 나와
뜨겁게 타오르던 내 사랑 아는 듯
다가갈 수 없는 아픈 기억을
어루만지고 있다

거품으로 밤물결을 연주하는 바위에
기대앉은 시름 잠긴 영혼이
오래도록
어루만져지고 있다

뿌리

알렉스 헤일리*의 소설 뿌리를
먼 나라 일로 읽은 때가 있었다

아들딸 구별 말고 둘만 낳아 잘 기르자며
출생률 높은 걸 나라가 걱정했었다
뿌리 이을 염려 안 해도 될 만큼 형편이 번식을 방해하지는 못했다

무성하게 나무를 키운 뿌리는 꽃을 피우고 열매를 맺기 위해
한 번도 밖으로 몸을 드러내지 않았다
열매가 뿌리의 주소를 잊어가는 사이 뿌리는,
수분을 빨아들이지 못하고 안으로부터 조금씩 늙고 병들어갔다

쿤타킨테*가 조상의 뿌리를 찾아가는
여정이 우리에게는 당연하게 보였지만,
이제는 훗날 뿌리 찾아야 할 새끼 걱정을
우리 젊은이들이 해야 할 상황에 부닥쳤다

부모덕에 못 먹고 못 입지는 않았으니
뿌리를 잇는 일이 효도의 길,
애국의 길임을 알고 실천해야 한다

뿌리 없는 땅은 내 땅이 아니다

*알렉스 헤일리(Alex Haley): 소설 『뿌리(Roots)』의 저자
*쿤타킨테(Kunta Kinte): 소설 『뿌리』의 주인공

· 3부 ·

탄생을 위하여

한 생명을 잉태한다는 것은
하나의 우주를 품에 안는 일이다
사랑하는 사람과의 약속으로
삼백일의 기도가 영그는 결정체다
마침내 문이 열리면
축복의 순간, 만물의 영접이 시작된다
바람 앞에 촛불같이 여린 새싹처럼
꺼질세라 시들세라 조마조마하는
거룩한 어머니의 정성스러운 손길로
어린 생명은 그렇게 성장하는 것이다
보살펴진 정만큼 선하게 자라난다
생명의 잉태조차 거부한다는 것은
신의 명령을 어기고 사랑을 속이며
조물주의 역사에 죄를 짓는 일이다
잉태한 생명을 지우는 행위는 살인이다
태어난 생명을 보살피지 않는 부모는
머잖아 맺혀진 후회가 가슴 칠 것이다
인간이 종족의 끈을 이어가는 것만큼
세상에서 소중하고 보람찬 일은 없다
사랑의 권리이자 의무이기 때문이다

탄생, 그 축복의 순간을 위해 사랑하라

가로등

종일토록 아무 할 일도 없이
우두커니 서 있던 너를
보는 나도 우두커니 너에게
이 밤 나를 보이고 서 있다

뜨거운 햇살도 천둥 폭풍우도
세찬 눈보라도 고스란히 견디며
언제나 어두워지기를 기다리는
그 마음 어찌 다 헤아릴 수 있겠나

어두운 밤이 되어야 존재 이유가
더욱 선명해지는 너의 불빛 아래를
천천히 걸어보고 나서야 나도
한갓 야행성 동물이란 걸 알았다

너와 더불어 이 밤 보낼 수 있기에
외롭지 않다는 걸 이제는 알겠다

선인장꽃

가시밭길 지치면 엎어지기 전에 누웠다
골 깊고 산 높아 허공 가르는 새도 되었다
한 줄기 바람 따라 눈썹이 흔들릴 때
동공에 별을 박고 헤매던 밤 달을 품고
일 년 내내 벼른 하루 선혈 낭자하게 피웠다

일생을 가시로 둘러치고 가두어 온 삶이라도
오랜 세월에 부대끼다 꽃 점 하나라도 생겨
한줄기 꽃대라도 나팔처럼 소리칠 수 있다면

숱한 인연들 사이에서 단 하루 한 번이라도
마음 들떠 환장하게 피워낼 수만 있다면
그땐 스러진다 한들 무슨 아쉬움이 남으랴

찬란하게 장엄하게 엎어지고 마는 너처럼
그렇게 한세상 왔다 갔다고 기억되고 싶다

창밖 풍경

창밖 강 건너 로터리 맷돌
어이없이 잘 돌아간다
형형색색 가지가지 쌩쌩 헛소리 토해낸다

길게 뻗어 있는 울대를 타고 흐르다 밀려
빨강 신호등에 목까지 역류하는 일상들이
녹색 신호등에 물밀듯 흘러가는 푸념들이
정오의 햇살에 물들어 강물 소리로 흐느낀다.

윤슬 가르며 달려가는 오리에게 길을 묻는다
떠나면 지나온 모든 것이 길인 줄 알면서도
금방 솟구쳐다가 곤두박질하는 부질없는 욕심

무슨 미련으로 대어 찾으려고 눈을 비비나
창밖 저 모든 것들은 하나도 내 것이 아닌데
아니다
창밖 저 모든 것들이 지금 내 안에 와 있다

슬도 작곡

슬도에는 작곡을 도와주는
낚싯대가 줄지어 반짝이고 있다

낚시꾼들이 바다를 찢어 올릴 때
펄쩍펄쩍 뛰는 고등어들을 척척척
음표로 걸어 붙이며 작곡을 시도한다

수평선을 포개 올린 오선지에는
고기 가두리 용 구멍 난 화산석과
윤슬에 빨려 든 여인의 젖은 눈동자와
그 눈동자를 붙들고 있는 긴 의자와
팟쏴하 소리 내며 바위에 기어오르는
물보라까지 반올림표로 찍어 넣는다

항구 서쪽으로 저녁놀이 수수밭 만들어
뱃고동 소리 넣을 시간이 다가오면
등댓불을 높은음자리에 올려놓고
만선을 노래하는 깃발도 세우고 싶다

누에

잠들로 와서 아랫목에서 눈떴었다
푸르게 또 푸르게 먹고 자고 싸고
어쩌면 나도 그렇게 반복해 살았다

채우고 또 채워도 허전한 욕망은
버릴 때는 고통이 될 줄 모르고
가식과 기만으로 끝없이 채웠다

석양에 물들어가는 산마루를 본다
타오르는 내 마음은 아직도 저러한데
너희들은 투명하게 섶에 오르는구나

나도 너희들처럼 투명해질 수 있을까
비단 집 만들고 번데기로 남을 수 있을까
먼 훗날 나비로 훨훨 날 수도 있을까

언젠가 이 세상을 떠나갈 때는 나도
투명해질 때까지 모두 깨끗이 비우고
너희들처럼 숭고하게 마무리하고 싶다

비둘기

새끼 칠 때 춥다고
헌 옷 내준 그 정 못 잊어
쫓고 쫓아도 온다
똥 싸러 온다

구시렁대며 청소하는 아내
엉덩이를 보다가 들락거리는
비둘기 같은 자식들 생각한다

보금자리 그 정 못 잊어
쫓고 쫓아도 온다, 또 온다
새끼까지 달고 똥 싸러 온다

비둘기 새끼들 내 새끼들

메기 한 마리

내 나이 여섯 살 때
논물이 강으로 흐르는 도랑에는 고기가 많았다
맨손으로 내가 잡은 메기 한 마리
아버지가 먹으면 병이 나을 것 같았다

자꾸만 손아귀를 벗어나 흙 범벅이 된 메기를
아버지는 깨끗이 씻어서 빨랫줄에 걸었다

마당을 휘휘 저어대는 강바람과 뜨거운 햇살에
아버지처럼 바싹 말라버리는 메기를 보다가
어머니 등에 업혀 뒷간 가는 아버지를 보다가
아버지도 메기도 불쌍하다는 생각이 들었다

그해, 아버지는 꼭 먹어야 할 그 메기를
그냥 두고 세상을 떠나버렸다

빛바랜 사진 한 장조차 화재로 소각된 아버지는
아직도 내 맘 빨랫줄에 메기로 걸려 있다

꽃상추

쭈글쭈글한 생김이 어머니 같구나

밤마다 맺힌 눈물 별빛으로 말리고
땡볕에 지친 몸 엎어지고 시들어도
병풍처럼 속잎을 감싸안는구나!

육·해·공군 닥치는 대로
쏘는 놈, 매운 놈, 똥 같은 놈
별놈들 다 쓸어안은 인내의 세월

숭숭 주름살 터진 줄도 모르고
마침내 캄캄한 탄광 속으로
투신하는 거룩함이여

세상 누구보다 가슴 넓은 너를
성은이 하해와 같은 너를
목이 메어 꺼이꺼이 삼킨다

삼베

창고에서 발견한 삼베 열두 필이
찰가닥찰가닥 베 짜는 소리로
어머니의 아득한 젊은 날을 부른다

베틀보다 낮은
내 머리를 쓰다듬고는
좌우로 쉼 없이 집어넣는 북
하루 한 필은 거뜬히 짰다는 손놀림

이젠 삼베처럼 까칠해지고
앙상한 손등을 보니
가슴에서 베 짜는 소리 새어 나온다

저 아끼는 삼베를 어찌해야 하나
왜 남겨두었는지 묻지 않아도
굳이 어떻게 하라고 이르지 않아도
쓸 날이 금방 와버릴까 봐
아, 아,
생각만 해도 가슴이 미어지고
덜컥 겁이 나는 밤이다

불효

어릴 때 외삼촌 댁에 맡겨지고
어머니는 재가한 친구가 있습니다
젊은 시절 같은 직장 다닐 때 명절이 되면
친구는 갈 곳이 없었습니다
친구가 쓸쓸해 보여 더욱 가까이 지낸
그 시절을 떠올리면 마음이 찡하지만
지금은 처자식과 행복하게 살고 있답니다

어머니가 계신 고향으로 가는 나는
참 다행이라 여겼습니다
내 나이 여섯 살 때 홀로된 어머니는
나만 바라보고 평생 혼자 사셨기에
나의 명절을 외롭게 하지 않았습니다
그렇게 나만 좋으면, 어머니는
늘 행복하신 줄 알았습니다
어머니의 인생을 송두리째 앗아버린
나는 이 세상에서 가장 불효막심한
후레자식임을 너무 늦게서야 알았습니다

돌이킬 수 없는 어머니의 인생은

그 어떤 방법으로도 복원이 불가합니다
어머니, 왜 저를 버리지 않으셨나요
어머니 인생 앗아버린 죄책감으로
불효자식도 머리가 세어버린 지금에 와서야
놀처럼 저무는 어머니를 바라보며
미어지는 가슴만 움켜쥡니다

빈자리

이번 장날에도
채소 노점 그 빈자리에는
검정 비닐봉지 하나만
동강 난 보도블록에 눌린 채
날아가지 못하고 흔들리고 있었다
아내의 궁금한 손짓에
옆자리 노인은 하늘을 가리켰다
아, 그랬었구나
하루 종일 오금도 못 펴고
인정 베풀다가 좁은 땅 해방되셨네
보도블록을 들어내자, 비닐봉지는
회오리바람 따라 하늘로 솟구쳤다
배웅하는 시선 끝으로
시골에 계신 어머니가 그려졌다
에구, 종일 앉아서 저리 받아서 되나
어머니는 그 노인을 보고 그랬었다
일손 없는 시골의 어머니는 더했다
노점 빈자리는
어머니가 시골로 떠나신 빈방과 겹치어져
눈시울이 차올랐다

발걸음

해 질 무렵 강변 산책로
아장아장 날 따라 걷는 모습이
영락없는 어린아이다
늙으면 아이가 된다더니
걸음걸이마저 돌아가는 건가
기역자로 구부러지는 허리에
오른쪽으로 기울어져 버린 어깨
뒤뚱거리는 몸피가 해를 등지고
앞서가는 그림자를 밟는다
미어지는 가슴에 걸음을 멈추고
되돌아 다가서서 자세를 바로잡는다
내가 와 이리 됐을꼬,, 푸념에는
자식 위해 희생한 고단한 세월만 있고
거룩한 어머니의 인생은 없다
쌩쌩 지나가는 젊은이들을 보며
어머니나 나도 한때는 저랬었지
세월이 흐르면 내가 어머니 자리에
내 자리에선 자식이 날 바라보겠지
지는 놀 빛이 발걸음을 재촉한다

장마

할머니 가슴뼈는 온통 숯덩이
가슴은 잿가루 범벅이었다

스물여섯 살 아버지 태우시고
서른한 살 미혼 삼촌 태웠으니
재도 삭아버린 빈 가슴이었다

일평생 모진 인생 손자 하나 바라보며
무병장수 기원하는 눈물비로 키웠다

두 아들 인생보다 많이 사는 손자놈은
늙어서야 철이 들어 할머니를 그리건만
불효 손자 야속한지 꿈결에도 안 오신다

길 가다 할머니 닮은 분을 보면, 문득
할머니가 그리워져 가슴에 비 내린다

아린다

지리산 자락 첩첩 오지 구릉에
오래전 폐교된 분교 하나 있었다네

동창생은 열여섯 졸업사진 달랑 한 장
오십여 년 흘러가니 여섯만 소식 닿아
죽기 전에 한번 보자 의기투합했었네

해운대 소불고기 융성하게 차렸는데
여섯 중에 세 친구는 목만 빼고 바라보아
궁금해서 물어보니 먹을 수가 없다네

풀대기만 집어다가 되새김질 거푸 하니
왜 이제야 만나 이런 꼴을 보나 싶어
들이키는 술잔엔 슬픔 반 어린 눈물 반

쇠뭉치가 달린 듯 돌아서는 발걸음엔
자주 보자 한 약속 건강이 보장 못 하니
조심해서 가시게나 헛손질만 해대었네

분교

세숫대야로 시냇가 몽돌 날라 만들었던
예쁜 꽃들이 화사하게 만발했던 화단도
모두 사라진 교정에는 잡풀만 무성하다
교실 모자라 한 교실 두 학년 수업했는데
모두 다 어디 가고 황량한 바람만 이는가
예쁜 영숙에게 내 맘 어떻게 전할지 몰라
발가락으로 종아리 꼬집었다가
엉엉 울어버리는 바람에 밤늦도록 걸상 들고
벌서야 했던 짝사랑
난 일평생 그런 순진한 사랑 못 받아봤다
무심했던 그 아이 오십 년 만에 소식 들려
설레는 마음으로 연락 시도했는데,
그녀 여동생이 대신 들려주는 말,
아린 추억만 간직하겠다나
정말 좋아했었다고, 좋아서 그랬다고
사과하고 싶었는데… 야속한 가시나!
짝사랑마저 사라진 교정 돌담에 기대어
동심을 다시 그리고 추억만 담는다

향수

몸은 오백 리 멀리 떠나 있어도
경호강 물결에 흘려보낸 내 마음은
언제나 아득한 옛 나룻배에 실렸다

고단했던 날들에 흔들릴 때마다
거센 물살 거슬러 노 저어 건너듯
향수는 여린 삶의 버팀목이 되었다

옛 나루터 둑 올라 강 건너 바라보면
홍수로 등교 못 한 친구들 부러웠는데
망태기 둘러메고 소꼴 베러 나갔다나

친구여, 산다는 게 별거 뭐 있겠는가
어탕에 막걸리 한 사발로 우리 만나서
추억이나 더듬다가 그렇게 흘러가세

첫사랑

직장 상사의 소개로
처음 만나게 된 그녀는
딱 한눈에 나를 반해버리게 했다

처녀는 아니어도 청순해 보였고
새하얀 피부에 매끄럽게 살짝 빠진
단아한 자태는 마치 옛 누님 같았다

그녀를 놓칠 수 없다는 조바심으로
형편을 넘어서는 급전 대출을 받았고
구애 끝에 집으로 모시는 데 성공했다

첫 연애가 서툰 내게는 분신과도 같아
흘끔거리는 지인들 시선도 아랑곳없이
그녀와의 동행은 언제나 신바람 나서
2년을 넘게 매일 같이 붙어 다녔다

행복은 신이 허락한 범위까지인가
1991년 8월 글래디스 태풍 몰아쳐
그녀와 난 병영 사거리 황토물 속에서

다섯 시간이나 감금되어 죽을 뻔했다

나는 멀쩡하게 건강을 회복했지만
그녀는 온몸이 썩는 듯 시궁창 냄새를
내쳐버리지 못하고 내 몸을 거부했다

예민한 내 코는 무너질 대로 무너진
자존심에 쓰라린 아픔을 섞어 삼키고
마침내 그녀와의 결별을 다짐했다

그녀의 체취를 가슴으로 흠뻑 적시며
덜컹대는 서로의 심장이 파도를 당기는
정자 바닷가를 이별 예고하듯 돌았다

무룡산 고갯길을 아슬아슬 되돌아 넘어
그녀를 모시고 폐차장으로 간 나는
단돈 십만 원에 매정하게 넘겨버렸다

그녀의 출생지는 울산
이름은 프레스토였다

함정

캄캄한 어둠에 빠져
허우적거리는 나를 찾고 있었다
어느 날인가 문득
내가 없다는 상실감에 사로잡혔다
행여 잃어버린 나를 찾아볼 수 있을까
질문에 발을 담그기 시작한 것은
무모한 짓이었음을 늦게야 깨달았다
또 다른 내 안의 함정에 갇혀
나를 보지 못하고 출구만 찾고 있었다
빛은 뼈를 들어내야만 가능했기에
나를 해체하는 작업은 고통이었다
그냥 포기하고 칠흑에 묻히고 싶었다
두 개의 유혹이 안팎으로 충돌할 때
다시 내 안의 뼈를 만지작거렸다
살을 해체하고 뼈를 발라내는 불면은
점점 더 깊은 어둠만 인양하였다
수확한 어둠의 무게로 살을 뒤집으면
뼈가 보일 듯 말 듯 또 하루가 지나갔다
이런 한심한 배설물을, 세상 사람들은
내가 나를 모른다는 데 동의할 수 있을까

내 위선을 모조리 꿰뚫고 있을 텐데
늪에 빠지지 않으려고 발버둥 치는 자화상
나는 나를 매일 속이고 있었다

짝사랑

사랑했다고 말하지 않겠다
그냥 나만 좋아했을 뿐인데
그걸 사랑이라고 할 수야 없지

사랑한다고 지금은 말하지 못한다
너 안을 준비가 안 되어
가까이 갈 수 없는 나를 안다

사랑할 거라고 다짐도 않겠다
네 얼굴 그리다 지치면
내 마음 너에게 닿기도 전에
이 세상에 없을지도 모르니까

그러니 내 사랑이 너에게는
없었고 없고, 없을 것이니
동정심으로 혹시나 네가 나를
품으려거든 차라리 버려도 괜찮아
그래도 나는 너를 죽을 때까지 좋아할 테니

• 시 해설 •

카이로스적 시간의식을 통한
자아의 여정

우영규 | 시인·문학평론가

1

 니체는 고통을 삶의 필수조건이며 예술적 승화를 통해서 삶의 원동력이 된다고 보았다. 그 고통을 이미지화해서 빛과 어둠의 스펙트럼으로 펼쳐놓으면 어둠 쪽에서 지긋한 고통이 만져지게 된다. 인간은 고통이 극에 도달할 때 선택의 기로에 서서 자신을 되돌아보게 된다. 이때 고통은 자아를 비추는 거울로서 메타적 인지 장치의 기능을 갖게 된다. 하지만 고통이라는 거울은 인간의 다양한 삶을 통해 직면하는 모든 문제를 해결하는 해결사가 되어주지 않는다. 특히 고통이 어둠의 옷을 입고 나타날 때 현실은 감당하기 어려운 불확실성 속으로 빠져들게 된다. 이때의 어둠은 무채색에 가깝지만, 사물이나 현실을 뚜렷이 드러내는 배경이 되기도 한다. 하이데거(Martin Heidegger)는 진리를 단순히 '사실'로만 정의하는 것이 아니라 드러남, 즉 비은폐

(Unverborgenheit)로 보았다. 그런데 드러남은 항시 은폐를 동반한다. 존재적 진리는 존재 진리에 의해서 근거 지어진다. 하이데거에 따르자면 "존재자들은 사물들, 사람들, 활동들 등에 의한 관계에 의해서 존재자들로서 구성지어지며 이러한 관계들 없이는 아무것도 없다. 그리하여 존재자의 구성적인 근거로서의 '존재'에는 두 가지 측면이 있다. 첫째로, 존재자에 대한 지속적인 관계가 있어야만 한다는 것과 둘째로 존재자의 존재에 대한 본질적인 것과 그렇지 않은 관계들 사이의 구별이 가능해야만 한다는 것이다. 그리하여 존재자의 비은폐는 그러한 두 가지 측면들 모두를 포함한다. (GA2 :H. 221)"고 정의하고 있다. 이 같은 관점에서 볼 때 은폐를 상징하는 어둠 또한 드러남을 위한 배경으로서 중요한 의미를 가진다. 여기서 권후근 시인의 시편에 자주 등장하는 고통의 서사나 어둠의 이미지도 이와 유사한 성격을 지니고 있다고 할 수 있다. 권후근의 시 「가로등」에 등장하고 발현되는 어둠의 흔적은 무채색과 고요라는 옷을 입고 있다.

종일토록 아무 할 일도 없이 / 우두커니 서 있던 너를 / 보는 나도 우두커니 너에게 / 이 밤 나를 보이고 서 있다 // 뜨거운 햇살도 천둥 폭풍우도 / 세찬 눈보라도 고스란히 견디며 / 언제나 어두워지기를 기다리는 / 그 마음 어찌 다 헤아릴 수 있겠나 // 어두운 밤이 되어야 존재 이유가 / 더욱 선명해지는 너의 불빛 아래를 / 천천히 걸어보고 나서야 나도 / 한갓 야행성 동물이란 걸 알았다 // 너와 더불어 이 밤 보낼 수 있기에 / 외롭지 않다는 걸 이제는 알겠다

― 「가로등」 전문

인용 시 「가로등」을 통해 권후근 시편이 자기만의 실존적 경험에 대한 탐구에 열중하고 있음을 알 수 있다. 이 시의 첫 연에서 "종일토록 아무 할 일도 없이/ 우두커니 서 있던 너를/ 보는 나도 우두커니 너에게/ 이 밤 나를 보이고 서 있"는 모습에서 이 시가 어둠을 통한 인식의 발견과 자아의 발견이라는데 까지 도달한다. 또한, 시인은 현실과의 괴리에 대한 섬세한 해석을 지속적으로 욕망하고 있다. "어두운 밤이 되어야 존재 이유가/ 더욱 선명해지는 너의 불빛 아래를/ 천천히 걸어보고 나서야 나도/ 한갓 야행성 동물이란 걸 알았다// 너와 더불어 이 밤 보낼 수 있기에/ 외롭지 않다는 걸 이제는 알겠다"라고 실토하는 데서 긍정 아닌 긍정의 변증법을 통해서 '자아'는 결여와 과잉을 시간성과 결부하면서 온전히 제자리로 돌려놓는 데 성공한다. 이런 지향 안에는 그러한 기억의 탐닉을 가능케 했던 삶의 세목에 대한 성찰의 태도가 깊이 각인되어 있기도 하다. '나'에게 있어서 대상은 항상 나에게 고유한 가치나 빛깔로 드러난다는 것이다. 그리하여 모든 감각은 감각된 것에 대한 감각이라는 말로 정리할 수 있다. 마지막 연에서 "외롭지 않다는 걸 이제는 알겠다"라는 언술 뒤에는 '외로웠다'는 '번뇌'를 함께 드러낸다. 그렇다면 '번뇌'를 감추고 있었던 것은 어둠이며 어둠은 고요라는 옷을 입고 있어서 '외로움'의 실체가 드러나지 않고 있었던 것이다. 결국, 화자에 의하면 삶은 빛과 어둠 사이에 펼쳐져 있는 그러데이션이다. "…너에게/이 밤 나를 보이고 서 있"는 그러데이션은 화자의 카이로스적 시간 의식과 맞닿아 있다. 일상적인 크로노스적인 시간 속에서 특별한 의미를 지닌 카이로스적 시간 의식을 갖게 됨으로써 화자는 구체적인 삶의 진실을 경험하게 된다. 우리는 흔히 '사물'과 '대상'을 동일한 것으로 간주하며 살아가지만, 구체적인 생의 맥락에서 '대상'은 단순한 '사물'이 아니라 지향된 사물, 즉 '대상'으로 경험된다는 것을 알고 있다. 이러한 지향성의 경험을 가장 선명하게 보여주는 것이 예술이며 특히 시인과 시적 대상의 관계이다. 이는 권후근 시인의 격정적이고 심미적인 사유의 일단을 보여주는 실례가 됨에 모자람이 없을 것이다.

매일 새벽잠을 김에 마는 / 배가 불러오는 김밥집 새댁이 / 꼭두새벽부터 서터를 말아 올린다 // 하품은 말아 넣지 않으려고 / 턱받침 한 플라스틱 마스크는 / 오르는 물가에 자꾸만 흐려져도 / 월세 인상보다는 숨 쉴 만하다 // 일부러 숨차게 산에 오를 손님들이 / 김밥 재료처럼 형형색색 줄지어 서면 / 비지땀으로 산 능선도 말아 넣는다 // 역병이 두 배로 올린 한 줄 가격에 / 가뭄에 콩 나오듯 더러는 한숨도 말고 / 복대를 늦추면서 김에 참기름 바르듯 / 차오르는 배를 살살 쓰다듬어 본다 // 진부한 확성기 소리가 좌·우에서 / 김밥 옆구리 터줄 듯 귀를 후빌 때는 / 태교 음악으로 미래를 버무려 넣고 // 해 기울면 사랑하는 사람을 기다리며 / 저녁놀까지 오려 넣은 사랑을 만다

―「미래를 위하여」 전문

현상이 더 이상 현상으로 존재하기를 그치고 '사물'이 단순한 사물이 아니라 '대상'으로 지향될 때, 그리하여 습관적인 반복과 향유에 기초한 일상적 관계가 지향될 때 비로소 완강한 시의 실체가 드러나 보인다. 인간의 모든 행위와 갈구의 지향은 '리비

도'의 흐름을 따르므로 시선, 즉 본다는 행위에는 항상 어떤 지향이 개입하고 있음을 말해주고 있다. 어떠한 사물이나 현상이 인간에게 의식되는 경우는 그것이 기대하지 않은 상황, 즉 낯선 상황으로 다가올 때다. 이와 대척되는 현상으로 일상성을 생각해볼 수 있는데 일상성이란 바로 우리가 세계에 대해 습관적으로 인식하는 형식들인 것이다. 그러므로 일상적인 것은 우리 의식에 포착되기가 쉽지 않다. 그것은 의식에 머무는 시간 없이 그야말로 무의식적으로 흘러가는 어떠한 것에 불과하다. 이러할 때 일상성이 의미를 가질 수 없음은 자명한 이치이다. 시「미래를 위하여」에서 시인은 '나 아닌 것의 존재'를 전제함으로써 '나 아닌 존재'와 관계 맺는 방식의 양상과 방향이 특이하다. 김밥집 새댁이 새벽 김밥을 마는 과정에서 "하품은 말아 넣지 않으려고/ 턱받침 한 플라스틱 마스크"를 수단과 도구로 특정하고 "일부러 숨차게 산에 오를 손님들이/ 김밥 재료처럼 형형색색 줄지어 서면/ 비지땀으로 산 능선도 말아 넣는" 과정이 변증의 개별적 차이로 읽힌다. 또한, "가뭄에 콩 나오듯 더러는 한숨도 말고/ 복대를 늦추면서 김에 참기름 바르듯/ 차오르는 배를 살살 쓰다듬어" 보는 과정들이 동일성의 해체를 꾀하는 것일까. '아도르노'가 제안하는 변증법은 종합이 아닌 양극의 모순을 극단에까지 밀고 나가는 데 중점을 두고 있다. 이질적인 것, 모순의 원칙을 강조하는 비동일성의 사유라 할 수 있을 것이다. 이는 이미지가 통합되지 않은 채로 함께 공존하고 있기 때문이다. 타자적 화자에 의하면 "미래를 위하여" 지금 저 피곤함을 이겨 내고 있는 중이다. 그런데 마지막 연에서 기막힌 반전이 기다리고 있다. "해 기울면 사랑하는 사람을 기다리며/ 저녁놀까지 오려 넣은 사랑을" 말아 넣는 실체에서 오해의 맥락과 전거들을 여지없이 무화시켜버리고 있다. 파편화된 고통의 현실과 근원의 세계가 똑같은 무게로 공존함으로 비동일의 세계를 구현시키고 마는, 시인의 특유한 변증법이라 할 수 있겠다.

> 한낱 콩으로 태어났던 내가 / 반듯한 모습으로 여기까지 오는데 / 얼마나 많은 시련을 겪었는지 / 제대로 알기나 하고 사는 건가 // 잠복했던 흙 속에서 촉을 틔우니 / 세상 밖에서 할 임무를 부여받았고 / 뜨거운 태양과 세찬 비바람에 / 숱하게 고꾸라졌다가 다시 일어섰다 // (…중략…) // 먼저 간 동지들이 순국한 그 가마솥에서 / 섭씨 100도가 넘도록 끓여진 몸에다 / 간수를 뿌려대니 시체라도 뭉쳐야 했다 // 골수를 짜내는 강력한 압박에 혼절했다 / 깨어나 보니 동지와 하나 된 내 영혼은 / 당당한 모습으로 이렇게 다시 살아났다
>
> ― 「두부」 부분

인용 시 「두부」에서 시인은 일상 속에 은폐되어 있던 의미들을 섬세한 시선으로 찾아내어 밀도 높게 구현해 내고 있다. 그의 시에 등장하는 소재나 상황은 거창한 것이 아니다. 콩이 되는 과정이나 콩이 두부가 되는 아주 단순한 과정이다. 이는 일상에서 흔히 마주할 수 있는 대상이며 상황이다. 권후근 시인의 시를 읽는 재미는 이러한 사소한 현상으로부터 인간의 삶에 대한 통찰을 이루어내고 있는 시선과 감각에 있을 것이다. "잠복했던 흙 속에서 촉을 틔우니/ 세상 밖에서 할 임무를 부여받았고/ 뜨거

운 태양과 세찬 비바람에/ 숱하게 고꾸라졌다가 다시 일어"서는 과정은 시인에게 있어 삶의 성찰과 갱신을 수반한 것이며 기억에 의한 재구성의 결과를 환기시키면서 시간 속에서 투과되는 존재를 확인하는 일이기도 하다. 그런 가운데 내적 혼돈을 질서화하는 과정을 거친다. 여기에서 화자와의 극적인 공감이 되기까지의 시간의 의식을 언어로 포획하는 행위가 독특하다. 그래서「두부」를 통해 자아를 좀 더 근원적이고 궁극적인 자리로 밀어 올려놓고 "반듯한 모습으로 여기까지 오는" 것에 관해서는 주체의 점진적 소멸을 꾀하면서 동시에 대상을 완성하고자 하는 시인의 의지의 발현일 것이다. "골수를 짜내는 강력한 압박에 혼절했다/ 깨어나 보니 동지와 하나 된 내 영혼은/ 당당한 모습으로 이렇게 다시 살아"나는 저 실체는 다름 아닌 '자아'이다. 이 과정이 공감의 왜곡으로 보이기도 하겠지만, 일상성에서 포획된 시간의 파편들인 것은 분명해 보인다. '콩이 되는 과정'이 누구에게나 존재하는 세계에 대한 공간적 형상이라면 '두부가 되는 과정' 역시 누구도 외면할 수 없는 삶의 배경이라고 할 수 있다. 시인에게 이러한 응시의 세계는 현재와 분리된 과거(시간성)가 아니라 이미 항상 우리 삶의 저변에 흐르는 잠재적이고 비가시적 질서의 일부이다. 이는 결국 우리가 현재의 어떤 사물이나 장면 등을 접할 때 거기에는 이미 항상 과거의 시간이 개입하고 있다는 의미이다. 권후근 시인의 언어와 발길은 시편 곳곳에서 자주 이 비가시적인 세계 부근에서 서성거리고 있다. 이 또한 공간과 시간을 전유하는 권후근 시인 만의 시적 방식으로 인식된다.

2

일상생활의 지평 안에서 우리는 사물을 유용한 도구, 그러니까 한낱 수단으로 경험한다. 사물을 수단과 도구로 간주하는 태도를 벗어나지 않는 한 인간과 사물의 이러한 일상적 관계는 해체되지 않는다. 이런 도구적 관계를 '일상'이라고 한다면 '일상'이란 결국 인간이 사물로부터 격리/분리된 상태를 가리킬 뿐이다. 세상에 존재하는 나 아닌 모든 것들이 '나'를 위한 유용한 수단에 불과할 때, 우리는 그것들과 완전히 격리/분리되어 존재한다고 말할 수 있다. 인간이 고독한 존재이기에 이 격리/분리의 방식으로 사는 것이 아니다. 이 격리/분리의 방식으로 살기 때문에 인간은 고독한 존재가 된다. 예술(시)은 이 일상적 대상과 풍경 안에서 다른 것을 읽어내는 능력, 다른 관계를 만들어내는 행위에 붙여진 이름이 예술(시)이다. 이러함에 권후근 시인의 시편에서 감지되는 일상적인 현상에서 존재함에 대한 의미를 간취해 내고 있어서 특징적이라 하겠다. 이는 시인의 사물에 대한 깊이 있는 관찰과 사색, 그리고 그것을 자신과 더불어 인간의 삶으로 치환하는 과정을 통해 가능해지는 것인데 이러한 사물이나 상황에 대한 시인의 인식 과정에서 또 하나 주목되는 것은 그것이 대상과의 화해, 유대에로 향방지어진다는 것이다. 또한 회감이라든가 미메시스 등과 같은 서정시 특유의 동화의 방법에 의해서가 아니라 순전히 내재적 요인, 즉 서정적 자아의 인식의 전환을 통해서 이루어진다는 점에서 차질적이다.

혈기 왕성하던 20대 중반 / 너를 처음 선택하는 데 성공했었다 / 그

날 이후 난 너를 확장하는 열병으로 / 날마다 밤마다 뜨겁게 타올랐다 / 진정한 사랑이 뭔지도 모르고 / 어떻게 사랑해야, 어느 길로 가야 바른 것인지도 모른 채 / 마냥 들떠서 자신감만이 온통 나를 지배했다 / 그러던 어느 날 신열을 견디지 못한 양은냄비는 / 시나브로 일그러지기 시작했다 / 과로 음주 불면이 자초한 위장병은 일상을 그르치고 / 생계를 위협하며 너와의 결별을 종용했다 / 뜨겁게 타올랐던 만큼 쉽게 너의 손을 놓아버린 양은 냄비는 / 차갑게 돌아서며 다시는 너를 조우할 일도 없을 거라고 / 자신을 다짐하며 육신을 살려야만 했다 / 그렇게 나는 너를 완전히 잊기 위해 30여 년을 살아오면서도 / 한 해가 가고 새해 아침을 맞을 때는 / 어김없이 네가 떠올려지곤 했다 / 한 번 중독된 마약 같은 너의 체취가 / 그렇게도 뼛속 깊이 자리 잡고 있을 줄이야 / 그러나 스스로 버린 너를 찾겠다고 쉬이 돌아설 수 없었다 / 이미 패기를 상실해 버린 심신은 너에 대한 감각을 잃은 지 오래되어 / 다가설 용기도 나지 않았다 / 이렇게 한 생을 마감해야 할 것인가에 대한 물음표는 / 일을 놓은 후에야 중독되었던 너의 체취로 또다시 그리워지기 시작했다 / 막연하게 그리는 불면의 밤이 깊어질수록 / 그르칠 일상도 없는 하루하루는 오로지 네 생각으로 가득 차고 / 뜨거운 여름날 결국 일을 저지르고야 말았다 / 나는 먼 길을 돌아왔는데 너는 아득한 그때 그 자리에 그대로 있었다 / 너와의 결별은 나의 일방적 선언이었을 뿐이었다 / 충분한 준비도 없이 어설프게 마음만 앞세운 너와의 포옹 자격이 / 자의 반 타의 반으로 주어진 것이 불행인지 다행인지 모르지만 / 일단은 즐거웠다 / 즐거움도 고통이 될 수 있다는 걸 새삼 깨닫는 데에는 / 채 하루도 걸리지 않았다 / 이제는 너와의 고통을 즐기면서 종점까지 걸어가야 할 / 숙명임을 기꺼이 받아

들인다 / 은밀한 밀회를 즐기기 위해 기력이 다하는 날까지 / 다시는 너를 놓지 않겠다

— 「밀월」 전문

    권후근 시인의 시 「밀월」은 이 시집의 표제작이다. 이 시에서 누구는 상처를 '상처'로만 알지만, 시인에게는 상처가 '냄비'이고 냄비가 '상처'이다. '냄비'가 냄비이기를 거부할 때 시가 시작된다. '상처=냄비'라는 등식이 성립될 때 비유체계는 이처럼 유사성의 내부에 차이를 거느리고 있으니, 한 시인의 시적 지향은 '냄비'가 '상처'로 보인다는 감각을 통해 세계를 경험하게 되는 것이다. 응시의 행위에는 항상 어떤 지향이 개입하고 있다. 시인에게 지향은 "이제는 너와의 고통을 즐기면서 종점까지 걸어가야 할/ 숙명임을 기꺼이 받아들인다//은밀한 밀회를 즐기기 위해 기력이 다하는 날까지/ 다시는 너를 놓지 않겠다"는 언술에 있다. 시인에게 있어 '냄비'는 단 한 번도 냄비인 적이 없다. 여기에는 삶에 대한 시인의 태도가 포함되어 있다. "즐거움도 고통이 될 수 있다는 걸 새삼 깨닫는 데에는/ 채 하루도 걸리지 않았다"는 진술에서 보듯이 '양은냄비'의 존재는 시인에게 있어 성찰과 갱신을 수반한 것이며 기억에 의한 재구성의 결과를 환기시키면서 시간 속에서 투과되는 존재를 확인하는 일이기도 하다. 그런 가운데에서도 내적 혼돈을 질서화하는 과정을 거친다. "나는 먼 길을 돌아왔는데 너는 아득한 그때 그 자리에/ 그대로 있었다"라는 진술에서 보듯, 여기에서 화자와의 극적인 공감이 되기까지의 시간의 의식을 언어로 포획하는 행위가 독특하다. 그래서 「밀월」을 통해 자아를

좀 더 근원적이고 궁극적인 자리로 밀어 올려놓고 지난 것에 대해서는 주체의 점진적 소멸을 꾀하면서 동시에 대상을 완성하고자 하는 시인의 의지의 발현일 것이다. '잊힘'과 '기억'이 하나 되는 과정이 공감의 왜곡으로 보이기도 하겠지만, 일상성에서 포획된 시간의 파편들인 것은 분명해 보인다. 사물이 누구에게나 존재하는 세계에 대한 공간적 형상이라면 기억 역시 누구도 외면할 수 없는 삶의 배경이라고 할 수 있겠다.

 노을이 날마다 달라지는 까닭은 / 저 입 벌린 바위 때문임을 알았다 // 빠져 죽을까 봐 / 서서히 내려앉던 해가 덜컥, / 바위에 물려버려 수평선까지 온통 / 붉게 피를 뿌려 놓아버렸으니 / 어찌 아프지 않고 잠들 수 있으랴 // 황홀하게 그리워져야 할 무뎌진 사랑 / 어쩌라고 아리도록 슬프게만 하는가 / 길고 긴 호흡으로 파도를 들이킨다 / 피가 된 노을은 쉬이 절여지지 않는다 // 마침내 차갑게 식어 환생한 달이 / 어둠을 동그랗게 오려내고 나와 / 뜨겁게 타오르던 내 사랑 아는 듯 / 다가갈 수 없는 아픈 기억을 / 어루만지고 있다 // 거품으로 밤물결을 연주하는 바위에 / 기대앉은 시름 잠긴 영혼이 / 오래도록 / 어루만져지고 있다

–「장고항에서」전문

 인용 시 「장고항에서」의 '장고항'은 그냥 항구가 아니다. 화자의 내면적 자의식이 더 깊고 절실하게 발현되는 시작점이다. 미치도록 가려운 옛사랑의 모진 자리를 목도한 시인은 존재의 개입을 통해서 현상을 유지하고 싶지만, 그것이 고통이라는 걸 안

다. 분열된 자아에서 자의식이 가동되는 과정이 지는 노을을 가리고 있는 바위를 통해 지향적 삶과 현실적 삶 사이에 거리가 생기기 시작할 때 자의식이 가동된 것이다. 또한, 시인은 주체와 대상 간의 조화로운 소통을 지향하고 있다. 그의 시에 나타나는 시간성의 양상이 어떠하든지 간에 그 안에는 서정성이라는 미학적 바탕이 동시에 깔렸다고 할 수 있다. 서정성이라는 시의 근본적 속성을 바탕에 깔면서도 그 속에 복합적이고도 다양한 현상학의 징후들을 노을을 가리고 있는 '바위'를 통해 녹여내고 있는 것이다. 그러한 양상은 여기서 크게 사물의 시간과 인간의 시간이라는 말로 요약된다. "서서히 내려앉던 해가 덜컥,/ 바위에 물려버려 수평선까지 온통/ 붉게 피를 뿌려 놓아버렸으니/어찌 아프지 않고 잠들 수 있"느냐 마는 마치 잠깐 시간의 발끝을 바라보는 듯, 저 현상을 화자는 "노을이 날마다 달라지는 까닭"으로 치환시키고 있다. 우리가 어떤 장면이나 사물 앞에서 일순간 주저하거나 행동을 멈출 때 그것은 자발적인 의지의 결과이기보다는 불현듯 과거의 시간이 현재로 흘러들어와 시간의 계기적 질서에 혼란을 일으키고 있을 뿐이다. 이럴 때 '나'의 의지의 산물이 아니므로 외면하거나 거부할 수 있는 것은 아니다. "마침내 차갑게 식어 환생한 달이/어둠을 동그랗게 오려내고 나와/ 뜨겁게 타오르던 내 사랑 아는 듯/ 다가갈 수 없는 아픈 기억을/ 어루만지고 있"는 절규는 자신의 능력 부재로 인식되는 것일까. 이 상실에 대한 애도의 진정성이야말로 권후근 시인의 시가 지속적으로 시선을 던지고 있기 때문일 것이다. 인용 시에서 명명되는 '바위'는 또 다른 '나'의 환유이다. 곧 자신의 내적 변이를 촉발하여 '나'의 존재를 확인하는 과정이라고 볼 수 있다. 시인은 작품 속에서 이야기를 전할 자신의 페르소나를 설정하는데, 자신을 얼마나 투영하느냐에 따라 자전적 화자와 허구적 화자로 나눈다. 이런 관점에서 보면 시인의 심리적 거리 관계가 얼마나 깊이 작동하고 있다는 것을 볼 수 있다. "거품으로 밤물결을 연주하는 바위에/ 기대앉은 시름 잠긴 영혼"을 불러 앉히고는 한처럼 박힌 사랑의 무게를 화자는 반사적으로 의미를 부여하고 외연을 확장해 가려는 힘을 더한다. 결국, 타자와 맺는 관계는 황폐하기만 한 삶 속에서 희망을 놓지 않고 사랑이라는 정동에 의한 환대의 의식이 다리를 놓는 일일 테니 어쩌겠는가. 이는 타자를 그 자체로 환대하는 것이 아니라 '나'의 욕망에 타자를 기입하는 것일 따름이기 때문이다.

  창밖 강 건너 로터리 맷돌 / 어이없이 잘 돌아간다 / 형형색색 가지가지 쌩쌩 헛소리 토해낸다 // 길게 뻗어 있는 울대를 타고 흐르다 밀려 / 빨강 신호등에 목까지 역류하는 일상들이 / 녹색 신호등에 물밀듯 흘러가는 푸념들이 / 정오의 햇살에 물들어 강물 소리로 흐느낀다. // 윤슬 가르며 달려가는 오리에게 길을 묻는다 / 떠나면 지나온 모든 것이 길인 줄 알면서도 / 금방 솟구쳐다가 곤두박질하는 부질없는 욕심 // 무슨 미련으로 대어 찾으려고 눈을 비비나 / 창밖 저 모든 것들은 하나도 내 것이 아닌데 / 아니다 / 창밖 저 모든 것들이 지금 내 안에 와 있다

- 「창밖 풍경」 전문

내면 고백의 현상은 이러한 시간의 흐름을 가득 담은 채 생의 원형으로 찾아오게 되고 일체의 자아 성찰의 본형으로 돌아가고 있다. 과거와 현재, 내면과 외연 등이 복합적으로 생성된 에너지를 품은 채 움직이고 있다는 것을 볼 수 있다. "윤슬 가르며 달려가는 오리에게 길을 묻는다/ 떠나면 지나온 모든 것이 길인 줄 알면서도/ 금방 솟구쳐다가 곤두박질하는 부질없는 욕심"들을 현실에 대비시켜 놓고 멀찍이 떨어진 관여자가 된다. "길게 뻗어 있는 울대를 타고 흐르다 밀려/ 빨강 신호등에 목까지 역류하는 일상들이/ 녹색 신호등에 물밀듯 흘러가는 푸념들이/ 정오의 햇살에 물들어 강물 소리로 흐느"끼는 소리를 목도하면서 과연 자기 삶의 기율을 스스로 선택하고 정할 수 있는 주체적 삶이란 가능한가를 되묻듯, 시인은 그에 대한 알레고리처럼 「창밖 풍경」에서 이를 단적으로 가시화한다. 특히 자아를 발견하기 위해 '나'라는 존재를 거부할 수 없도록 장치되어 있음을 알 수 있다. 이 모든 '사유'는 본질적으로 익숙한 상태를 벗어났을 때, 낯선 상황에 직면했을 때 시작된다. 모든 현상의 마주침이 사유를 촉발하지는 않는다. 우리는 낯선 것과 마주하는 대부분의 순간에 익숙한 것을 개입시켜 낯선 것이 초래하는 불편함을 없애려는 경향을 지니고 있음에 이러한 심리적 방어기제에도 불구하고 그것을 뚫고 무언가가 도래하는 순간이 있기 마련이다. '사유'는 바로 이 순간에 시작된다. 그리고 그것은 동일한 대상을 이전과 전혀 다른 관점에서 인식하도록 만든다. 「창밖 풍경」의 현상을 사고思考하는 과정이 그러하다. 즉, 이는 삶을 관조하는 것이다. 서정시의 사물 인식의 보편적인 방식인 대상과의 자기

동일성이 권후근 시편「창밖 풍경」에서도 여실히 드러난다. 그러나 그런 방법상의 대상 인식만으로는 다 섭렵 되지 않는 것이 있다. 그것은 사물에게서 전달받는 원초적인 위로와 연대의 기미機微가 지니는 실물 감이다. 원래 사물은 정태적이고 자족적인 것이 아니라, 끊임없이 적응과 변화의 계속적인 과정속에 있는 것이다. 그리고 그 안에는 자기반성적 치유와 온천(wholeness)의 대안적 세계가 들어있다. 이때 사물을 형용하는 발화發話의 과정에서 오로지 시인이 대상을 포획하고 통할하는 순간 빠져나가는 또 다른 대상은 항상 결여와 과잉을 행간에 흩뿌려놓는다. "무슨 미련으로 대어 찾으려고 눈을 비비나/ 창밖 저 모든 것들은 하나도 내 것이 아닌데/ 아니다/ 창밖 저 모든 것들이 지금 내 안에 와 있다"며 실토하는 데서 응시하던 대상이 내 안으로 들어와 자아를 환기해놓고 그 실체를 발견하고 있다. "금방 솟구쳐다가 곤두박질하는 부질없는 욕심"이 타자적 시간의 침입에서 자유로운 '자아'의 시간이 됨을 수락하는 것이다. 기실 인용 시「창밖 풍경」에서 시인은 사물과 등량等量의 몫으로 내면적 진실을 발견해 가는 지혜를 심도 있게 보여주고 있다.

3

창고에서 발견한 삼베 열두 필이 / 찰가닥찰가닥 베 짜는 소리로 / 어머니의 아득한 젊은 날을 부른다 // 베틀보다 낮은 / 내 머리를 쓰다듬고는 / 좌우로 쉼 없이 집어넣는 북 / 하루 한 필은 거뜬히 짰다는 손놀림 // 이젠 삼베처럼 까칠해지고 / 앙상한 손등을 보니 / 가슴에서 베 짜는 소리 새어 나온다 // 저 아끼는 삼베를 어찌해야 하나 / 왜 남겨두었는지 묻지 않아도 / 굳이 어떻게 하라고 이르지 않아도 / 쓸 날이 금방 와버릴까 봐 / 아, 아, / 생각만 해도 가슴이 미어지고 / 덜컥 겁이 나는 밤이다

-「삼베」전문

 인간의 실존은 경험적 시간이 겹겹이 쌓여 만들어진다. 지층 地層이 그렇듯이 그것은 이질적인 시간들이 응축된 상태이고, 그 시간들에는 완전히 상실 또는 애도 되지 않기에 일정한 조건이 주어지면 어제든 다시 현재화되는 사건들이 포함되어 있다. 시간의 저편으로 흘러들어 사라지는 과거가 있는가 하면 매 순간 되돌아와 현재적 시간을 억누르는 과거도 있다. 이성에 의해 재현되거나 망각되는 단순한 기억이 있는가 하면 끝내 망각을 거부하는 기억도 있는 법이다. 이러한 과거-기억의 도래에는 대게 특정한 매개체가 존재하기 마련인데, 인용 시「삼베」가 그러하다. 대자對自(pour-sol) 존재인 우리는 그 어떤 본질에도 고정되어 있지 않다. 우리는 자신의 행동을 통해 자신을 규정하며 자유로운 선택과 그에 따른 책임을 다하고자 한다. 비록 그것이 저주처럼 여겨질지라도 인간에게 주어진 자유와 선택, 그에 따른 책임을 통해 타자와의 관계를 통찰함으로써 자신의 실존을 구체화할 수 있기 때문이다. 이를 위해 선행되어야 할 것은 어쩌면 자기 자신을 향한 응시인지도 모른다. 권후근의 시「삼베」가 바로 그 응시의 자리에 서 있다.

 그는 자신의 존재론적 기원(ORIGIN)인 '어머니'와 '삼베'를 소환한다. 베틀을 '어머니'로 환원하여 궁극적인 신성神聖의 거소居所

(창고)로 규정한다. 그곳의 시간을 항구적으로 남기고 기억하려는 듯이 옛 기억을 거슬러 오른다. 여기서 보이듯이 서정시의 직능이 기억을 통해 생성된다는 것을 확연히 알 수 있다. 오랜 기간 묻어두었던 삶의 기억을 탈환하는 상상력도 괄목하지만, 시간의 관여자로서의 이미지를 확연히 보여주고 그것이 시-문장으로 아름답게 발현된 것이다. '어머니'라는 존재의 삶에 대한 철저한 성찰이 관철되고 급기야 어머니에 대한 애심으로 귀결된다. 그제야 화자의 절실한 존재 확인의 순간을 만나게 되는 것이다. "베틀보다 낮은/ 내 머리를 쓰다듬고는/ 좌우로 쉼 없이 집어넣는 북"을 떠올리면서 화자는 실존적 대상으로 고정시키려고 노력한다. "이젠 삼베처럼 까칠해지고/ 앙상한 손등을 보니/ 가슴에서 베 짜는 소리 새어 나온다"고 진술하면서 일상에서 은폐되었던 의미들을 섬세한 시선으로 찾아내어 밀도 높은 언술을 구사하고 있다. 또한, 이 장면을 바라보는 시인의 웅숭깊은 시선이 광대무변의 시간 앞에서 시간과 공간의 기원에 다다르려는 모험을 시도하려 하고 있다. 이때 그는 은폐와 개진에 관여하는 조정자의 포즈를 취하고 있다. 사물에 배어 있던 시간은 그 켜를 벗어내며 '삼베'를 통하여 그 본모습을 보여줄 뿐만 아니라 그는 사물의 시간과 인간의 시간 사이에 놓인 지정의 세계를 탐색하면서 내면 깊숙이 가라앉아 있는 존재의 경험과 시적 욕망을 전이하고 있다. "저 아끼는 삼베를 어찌해야 하나/ 왜 남겨두었는지 묻지 않아도/ 굳이 어떻게 하라고 이르지 않아도/ 쓸 날이 금방 와버릴까봐" 현상을 목도하는 화자의 시선은 새로운 주체로서의 나의 모습이 구체적으로 드러나기를 원하며 이러한 기억(시간성)의 과정

들이 스스로 회심을 구원한다고 보고 있다. "생각만 해도 가슴이 미어지고/ 덜컥 겁이 나는 밤"을 맞이하는 시인의 시-문장이 시 전체에서 불쑥 도드라져 보이는 것 또한, 시인에게 허여된 삶과 시간, 세계를 '어머니'를 상기하는 큰 울림으로 공명시키고 있기 때문일 것이다. 시 「삼베」에서 보면 과거와 현재를 오가며 쌓인 시간성이 전체성과 결합되어 있는가 하면, 부호로 박아놓은 듯이 "찰가닥찰가닥 베 짜는 소리"를 상기하는 과정에서 대상의 내면을 암시적으로 드러내면서 상관물인 '삼베'를 통하여 복합적인 자의식이 작동하는 시간, 이 또한 시인 스스로의 삶을 기억하고 성찰하는 과정에서 상당한 은유의 깊이를 내재하고 있다.

    몸은 오백 리 멀리 떠나 있어도 / 경호강 물결에 흘려보낸 내 마음은 / 언제나 아득한 옛 나룻배에 실렸다 // 고단했던 날들에 흔들릴 때마다 / 거센 물살 거슬러 노 저어 건너듯 / 향수는 여린 삶의 버팀목이 되었다 // 옛 나루터 둑 올라 강 건너 바라보면 / 홍수로 등교 못 한 친구들 부러웠는데 / 망태기 둘러메고 소 꼴 베러 나갔다나 // 친구여, 산다는 게 별거 뭐 있겠는가 / 어탕에 막걸리 한 사발로 우리 만나서 / 추억이나 더듬다가 그렇게 흘러가세

– 「향수」 전문

  인용 시 「향수」는 시의 음보만 외면한다면, 마치 정지용 시인의 시 「향수」를 떠올리게 하는 시다. 시인은 여기서 편안한 일탈에 가까운 사색의 시간을 노래한다. 시 「향수」에서 보면, 기억에 깃들인 대상들을 재현하면서 그것을 관조와 성찰의 시간으로

허락하고 있다. 이는 시인이 언어로 여백을 채우듯이 정신적 허기로 아픔을 메우려고 하는 시적 전략이라고 볼 수 있다. "몸은 오백 리 멀리 떠나 있어도/ 경호강 물결에 흘려보낸 내 마음은/ 언제나 아득한 옛 나룻배에 실렸다"며 그 기억을 불러 앉히는 어투에서 알 수 있듯이 이는 시간(성)에 대한 미학적 헌사이자, 상실감을 벗어나 충만한 현재형으로 변형해 가려는 화자의 의지가 반영된 것이며 오래도록 온기가 가시지 않은 기억에 머물고 싶은 화자의 외롭고 서늘하게 살아온 자신의 삶에 희망의 파동을 개입시켜 조화의 세계를 들여다보는 화법에서 시의 균형과 확장성에 깊이 관여한 것을 알 수 있다. "고단했던 날들에 흔들릴 때마다/ 거센 물살 거슬러 노 저어 건너듯/ 향수는 여린 삶의 버팀목이 되었다"고 실토하는 것은 '고향'을 매개체로 파편화된 감정이나 생각을 녹여 하나의 사연으로 구축하게 된다. 나의 소소한 일탈과 「향수」가 버성기듯 각자의 시간을 녹여내었던 때를 거스르면 외로움은 혼돈 너머의 멸절에 가깝다. 화자는 결국 타자화된 '나'와 '외로움'이라는 간격을 '고향'을 통해 무화無化시키려는 욕망이 갈마들어 있다. "옛 나루터 둑 올라 강 건너 바라보면/ 홍수로 등교 못 한 친구들 부러웠는데/ 망태기 둘러메고 소꼴 베러 나갔다"는 그 동무를 이토록 한 소년이 이심전심 같이하고 다독이고 있으니 얼마나 행복한가. 가벼운 일탈이여! 그래서 '고향'과 '나'의 상관관계를 정립하는 과정은 존재의 확인과 동시에 '나'를 타자적 위치에 두고 견자의 포즈를 취하게 함으로써 생의 의미를 깊게 천착穿鑿했고 이런 기저基底 위에서 권후근 시인의 감수성은 남다른 시적 에너지를 조달하고 있다. 또한, 조각되지 않은 일탈에서 인간을 단련시킬 뿐만 아니라 사고의 폭과 숙성된 인간미를 지닐 수 있는 독특한 개성으로 나타난다. "친구여, 산다는 게 별거 뭐 있겠는가/ 어탕에 막걸리 한 사발로 우리 만나서/ 추억이나 더듬다가 그렇게 흘러가"는 이 세상이 얼마나 좋은가. 인용 시 「향수」에서 나타나는 자아는 자신에 대한 모든 문제를 인간 보편의 문제로 확장하는 자아 성찰로 구체화되며 성찰하는 일상은 사물과의 상호 관계성으로 나의 본래성을 생성하는 새로운 일상이 되는 것이다. 여기가 바로 권후근 시인의 치유 시학이 생성되는 지점이라고 볼 수 있다. 이렇듯 시에 있어서 시간(성)이란 등질적이고 분절된 객관적이고 물리적인 것이 아니라, 삶 속에 구체적으로 경험되고 인지되는 주관적이고 심리적인 것이다. 이때 시인의 자세는 '사물 뒤의 시간' 혹은 '사물 자체의 시간'을 바라보는 견자가 되는 것이다. 지금까지의 모든 숨겨두거나 아껴둔 이야기를 저 '나룻배'가 어디론가 모두 실어 나른다. 그러니 기실 비밀이거나 아껴둔 것이 아니다. 여기에서도 우주적 사물이 개입되는데 이는 존재적의 타자가 아니라 존재를 확인하는 과정 속의 타자일 뿐이다. 다시 말해서 객체가 없는 주체가 있을 수 없고 객체가 존재하지 않는다면 구도求道라는 일상이 존재하지 않는다는 말과도 같은 말이다. 여기서 굳이 '뒤클로프스키'의 이름을 상기하지 않더라도, 너무도 익숙한 세계, 하여 어떠한 의미도 찾을 수 없는 통념의 세계를 인간으로 하여금 낯설게 인식하도록 하는 것이 문학의 존재근거 중 하나가 될 것이다. 익숙한 대상일 때 그것은 스쳐 지나갈 뿐, 결코 어떠한 의미도 내어 보이지 않는다. 그러나 그것이 낯선 것으로 인식될 때 대상은 풍부한 의미를 지니게 되며 포회하고 있던 많은 의미들을 외현하게 된다.

4

시를 쓴다는 것은 타자적 존재의 침입을 거부하지 않는 것, 즉 수락하는 일이다. 흔히 '일상'이란 이 타자적 시간의 침입에서 자유로운 '자아'의 시간이다. 이 말은 타자적 시간이 침입하면 '일상'의 평온함이 깨진다는 의미이기도 하다. 따라서 타자적 시간의 침입은 '나'의 권한이 아니기에 막거나 회피할 수 없다. 그러므로 일상 속의 인간은 자신의 본래성을 잃어버린 훼손된 존재가 되는 것이다. 인간은 이러한 자신의 존재 훼손을 극복하려고 하지만 쉽게 돌이킬 수 없다는 것을 안다. 그러기에 더욱 진정한 자아 찾기에 몰두하려고 할 것이다. 자신의 삶을 반추하고 그 안에서의 자아를 만나고 나아가 그러한 모든 것으로부터 해탈하려는 의지를 현현하고 있는 것이 바로 표제 시 '밀월'이라는 공간이고 '양은냄비'라는 사물이었다. 시적 자아의 내면에 집중되었던 의식이 외제적 세계로 확장된 것은 나를 버려 적멸의 경지에 이르듯, '밀월'의 '양은냄비'라는 기표에서 벗어날 때 모든 행위가 '밀월'이요 모든 사물이 '양은냄비'가 될 수 있다는 자아 통찰이다. 이렇듯 권후근의 시편에서 드러나는 시적 자아에게 드리운 존재의 강한 아우라는 바로 이러한 구조에서 연원하는 것이 아닐까. 그의 여타 시편에서 보여주듯이 성찰과 관조의 정적인 정서와 존재에 대한 감각적 사유, 극복의 의지를 동시에 담지하고 있다는 점에서 의의가 있으며 그만큼 다양한 의미로 발현되고 있음을 볼 수 있다. 또한, 사색의 에움길에서 목을 축이는 새로움의 감각이나 혹은 주체에서 해방된 이질적 발화도 눈에 띄는가 하면, 대상에 내재한 자신의 집요한 응시를 직접적으로 형용하는 발화도 감지된다. 이와 함께 일상에서 목도하는 수많은 현상의 줄거리를 반추하는 데서 생겨나는 시적 감각도 남달라 보인다. 더러는 망각의 과정을 기억해 내려는 가장 그윽한 눈길로 바라보는 세상의 주인 없는 시간들을 위하여 매진하고 있기도 하다. 그래서 서두에서 언급한 카이로스적 경험을 통해서 그것에 스토리텔링을 입히고, 스스로의 시적 '기억자아'를 형성시켜 나간다는 데 주목해야 한다. 권후근 시인의 내면에 자리 잡고 쌓여가는 의식이 어떤 연상 작용에 의한 섬세한 반추함을 넘어서 다양한 의식 형태와 감수성을 포괄하는 존재에의 관여라는데 까지 이른 것을 볼 수 있었다. 한편으로는 성찰적 회귀본능의 인간으로, 다른 한편으로는 새로움을 지향하는 구도자의 자세로 서 있는 권후근 시인은 이제 저 너머의 시간과 공간에서도 위안과 성찰의 중심에 자리하여 더욱 깊은 미학적 서정의 차원을 높이는 시적 진경進境을 소망한다.

밀월

초판 1쇄 발행 2025년 11월 1일

지은이 권후근

펴낸이 임병천
펴낸곳 책나무출판사
출판신고 2004년 4월 22일 (제318-00034)

주소 서울시 영등포구 신길3동 325-70 3F
전화 02-338-1228 **팩스** 0505-866-8254
홈페이지 www.booktree.info

ⓒ 권후근 2025
ISBN 978-89-6339-758-0 03810

*이 책의 판권은 지은이와 책나무출판사에 있습니다.
*양측의 서면 동의 없는 무단 전재 및 복제를 금합니다.
*잘못된 책은 바꿔드립니다.
*이 책은 울산광역시, 울산문화관광재단 '2025년 예술창작활동 지원사업'의
 지원을 받아 발간되었습니다.